中等职业教育“十三五”精品教材

人文素养实用教程

主编 李锋 张艳梅 文彤

西南交通大学出版社
·成 都·

图书在版编目（CIP）数据

人文素养实用教程 / 李锋，张艳梅，文彤主编. 一成都：西南交通大学出版社，2020.1（2025.5 重印）
中等职业教育“十三五”精品教材
ISBN 978-7-5643-7302-3

Ⅰ. ①人… Ⅱ. ①李… ②张… ③文… Ⅲ. ①人文素质教育－中等专业学校－教材 Ⅳ. ①G718.3

中国版本图书馆 CIP 数据核字（2020）第 003170 号

Renwen Suyang Shiyong Jiaocheng

人文素养实用教程

李锋　张艳梅　文彤　主编

责任编辑	赵玉婷
助理编辑	何宝华
封面设计	吴　兵
出版发行	西南交通大学出版社 （四川省成都市金牛区二环路北一段 111 号 西南交通大学创新大厦 21 楼）
发行部电话	028-87600564　028-87600533
邮政编码	610031
网　　址	http://www.xnjdcbs.com
印　　刷	成都中永印务有限责任公司
成品尺寸	185 mm × 260 mm
印　　张	10
字　　数	218 千
版　　次	2020 年 1 月第 1 版
印　　次	2025 年 5 月第 2 次
书　　号	ISBN 978-7-5643-7302-3
定　　价	36.00 元

课件咨询电话：028-81435775

序

酒泉卫生学校被甘肃省教育厅、甘肃省财政厅列为“省级中等职业教育改革发展示范学校建设计划”立项建设学校，这在该校发展史上具有里程碑式的重要意义。2015 年底，学校开始申报省级示范校建设项目。申报过程中，学校在学校管理、基础条件、教育教学、校企合作等方面都取得了可喜成绩。2017 年 4 月 27 日，学校参加省教育厅组织的答辩，6 月以全省排名第八（项目编号：GSZZSFX201708）、酒泉排名第一的好成绩正式确定为“省级中等职业教育改革发展示范学校建设计划”建设单位。2017 年 12 月，省教育厅、省财政厅正式通过学校的《建设方案》和《任务书》。省级财政计划下达专项建设资金 1 000 多万元，用 2 ~ 3 年时间完成学校三个重点专业——护理专业（老年护理方向）、医学检验技术专业、药剂专业在人才培养模式与课程体系改革，师资队伍建设，校企合作、工学结合运行机制三方面的建设，以及两个特色项目——智慧校园特色项目、“仁爱天使”培养行动特色项目的建设。

课程建设与课程改革建设涉及开发编写与重点专业和特色项目关联的教材，教材定位于中职医学类各专业，主要满足学生专业实训、专业拓展和综合素质提升，增加实用性，实验实训课程对接工作岗位，突出校企合作、案例示范、理实一体。本套教材共计 20 册，专业课程编写全程企业专家参与，素质拓展教程知名专家指导，部分教程项目法编写符合目前中等卫生职业教育生源和就业特点，体现教材内容的“实用”和强化“学以致用”特点。相信通过老师的努力、专家的严格把关，本套教材将给酒泉卫生学校的发展增添浓墨重彩的佐证。

酒泉卫生学校

2019 年 1 月

省级中等职业教育改革发展示范学校建设系列教材

序号	专业方向	教材名称	主编	实用范围
1	护理专业（老年护理方向）	老年护理	任艳萍 喻志英	护理、农村医学、康复
2		老年营养与膳食指导	李晓彬 任艳萍	护理、农村医学、康复
3		护理学基础学习指导	蔡红霞 刘丽娟	护理、农村医学、康复
4		解剖学基础项目教学	马晓梅 刘军鹏	医学各专业
5		病理学基础项目教学	石玉芹 马晓梅	医学各专业
6		健康评估	刘梅芬 宋正爱	护理
7		康复理疗技术	李 上 王建民	护理、农村医学、康复
8	医学检验技术专业	医学检验技术实训操作规范	曹利平 潘 英	医学检验技术
9		医学检验仪器使用规范	曹利平 许 强	医学检验技术
10	药剂专业	药物分析技术	戴笑娟 孙 辉	药剂
11		药物学基础	王若菲 于治国	医学各专业
12		药剂学基础	于治国 王若菲	药剂
13		药品市场营销	孙 辉 戴笑娟	药剂
14		酒泉地区常用中药材	李 上 王若菲	药剂、农村医学、康复
15	仁爱天使培养行动系列丛书	中职生心理健康教育	黄兵基 李晓彬 孙叶蛟	医学各专业
16		班主任专业化成长指南	王建民 高建仁 莫仁	入职教师、班主任
17		人文素养实用教程	李 锋 张艳梅 文 彤	医学各专业
18		杏苑诗文	李 锋 余 敏	医学各专业、教师
19		形体训练与医护礼仪实训指导	侯丽丽 王敦丽	护理、农村医学、康复
20		中职生硬笔书法训练	宋正爱 余尚军	医学各专业、教师

前言

近年来，甘肃省中职学生对口升学越来越受到省内各中职学校的重视，一些职中更是将大量精力放在学生升学上。这是学生的志愿、家长的期盼和学校的希望。中职教育必然面临升学和就业两条路的选择。由此，中职对口升学考试也显得越来越重要。而在中职对口升学考试中，“人文素养”一科考试占 40 分，其中艺术素养 15 分、人文素养 15 分、计算机应用基础 10 分。在实际教学中，很多师生感到这 40 分得起来很不容易。因为它涉及的课程太多，包括“名画百幅赏析”“名曲百首赏析”“古诗百首赏析”“甘肃历史”“甘肃地理”“中华礼仪”以及“计算机”等七门课程。难度大的原因有牵扯的课程多、教材多、任课教师多、排课难等，这些问题亟待解决。

本书集合了上述除“计算机”以外的六门课程，是一本配套教材，是对依照《人文素养课程考试》大纲编排的其他教材的解读与辅助。本书分为艺术素养和人文素养两个部分，按照《人文素养课程考试大纲》，将重点内容进行摘要，在编排体例上分为知识精粹、巩固练习和拓展训练三个模块，既有对知识点的阐述，又有对应的练习，可以帮助学生掌握知识要点，达到复习巩固的目的。

本书在编写上体现了下列几个特点：

1. 针对性。本书主要针对准备参加甘肃省中职对口升学考试的学生，可以供师生上课、辅导之用。

2. 综合性。本书集合了人文素养考试所涉及的六门主干课程，分门别类，便于集中复习，有利于教学。

3. 实用性。本书精选课程重点内容，辅以练习题和拓展训练，能够辅助教学。而且多门课程集于一体，解决了教材多、教师多、课程多的难题，为一线教师提供了可靠的教学依据，符合教学要求。

本书从编写到出版，得到了领导的大力支持和厚爱，也得到了同仁们的关心与支持，在此一并表示最衷心的感谢。希望本书的出版能为解决一线教学难题起到应有的作用。

编　者

2018 年 12 月

目录

第一部分 艺术素养

第二部分 人文素养

第一部分

艺术素养

第一章 “古诗百首赏析”选讲

第一节 先秦两汉

一、关 雎

【知识精粹】

《关雎》即《国风·周南·关雎》，大约创作于周代，是中国古代现实主义诗集《诗经》中的著名诗篇。诗歌既承认男女之爱是自然而正常的感情，又要求对这种感情加以克制，使其符合社会美德的要求，后世之人往往各取所需的一端，加以引申发挥。

【巩固练习】

一、填空题

1. __________是我国古代最早的一部诗歌总集。收录了从西周到春秋时期的诗歌共有__________篇，包括__________、__________、__________三部分。

2.《诗经》的句式以四言为主。根据不同内容的表达需要，分别采用__________、__________、__________的艺术手法。

3. “诗经六义”指的是_____，_____，_____，_____，_____，_____。

4. 统领《关雎》全篇的诗句是“__________，__________”。

5. 这首诗在艺术手法上主要表现为_________和_________，在情感特质上主要表现为以礼节情，体现出健康明朗的风格。

二、选择题

1. 对下列句子中加点字解说不当的一项是（ ）。

A. “左右毛之”的“之”指代的是“荇菜”

B. “寤寐求之”的“之”指代的是“窈窕淑女”

C. “琴瑟友之”的“友”是“亲爱”的意思，这里用作动词，且表使动

D. “钟鼓乐之”的“乐”是“快乐”的意思，这里用作动词，且表使动

2. 下列说法不正确的一项是（　　）。

A.《关雎》中“关关雎鸠，在河之洲”采用的是“兴”的手法

B.《蒹葭》中“所谓伊人”的“伊人”，与《关雎》中的“君子好逑”的“君子”，指的是同样的人

C.《蒹葭》全诗不着一个思字、愁字，读者却可以体会到诗人那种深深的企慕和求而不得的惆怅

D.《关雎》是《诗经》的第一首，选自《诗经·周南》

【拓展训练】

1.《诗经》中，常常大量使用双声、叠韵、叠字的语汇。在古汉语的规则中，这类词汇大都是形容词，所以也有助于表达曲折幽隐的感情，描绘精彩美丽的自然。请从课文中找出例子，并体会其作用。

2.“求之不得，寤寐思服。悠哉悠哉，辗转反侧。”这是主人公心理活动的描写，极其生动。其中连用两个“悠”字写出了什么？

二、蒹　葭

【知识精粹】

《蒹葭》即《国风·秦风·蒹葭》，是《诗经》中的一篇。全诗三章，每章八句。此诗曾被认为是用来讥刺秦襄公不能用周礼来巩固他的国家，或惋惜招引隐居的贤士而不可得。现在一般认为这是一首情歌，写追求所爱而不得的惆怅与苦闷。全诗三章，重章叠唱，后两章只是对首章文字略加改动而成，形成各章内部韵律协和而各章之间韵律参差的效果，也形成了语义的往复推进。

【巩固练习】

一、填空题

1. 本诗选自__________，是一首典型的__________（内容）诗。

2. 本诗以__________起兴，写出了追寻伊人不得的苦恼心情。

3. 请写出此诗押韵的汉字：____________________。

4.《蒹葭》在今天常被我们引用来形容所爱恋的人在远方，道路曲折的诗句是“____________________”，且被谱上了曲演唱，成为歌曲的一部分。

5.《蒹葭》写萧瑟冷落的秋景起兴，渲染凄清气氛，烘托惆怅心情的诗句是____________________。

6. 反映追求的道路漫长遥远，充满艰难险阻的诗句是____________________。

反映追求的道路高阻的诗句是________________________。

二、选择题

1.《蒹葭》选自《诗经》中的（　　）。

A. 国风　　B. 大雅　　C. 小雅　　D. 颂

2.《蒹葭》的中心意象是（　　）。

A. 蒹葭　　B. 白露　　C. 秋水　　D. 伊人

3.“蒹葭苍苍，白露为霜。所谓伊人，在水一方”中“蒹葭”是指（　　）。

A. 杜若　　B. 芦苇　　C. 兰草　　D. 萱草

【拓展训练】

1. 本诗塑造了一个什么样的人物形象？
2. 这首诗歌中运用了景物描写，这些景物描写向我们展示了一幅怎样的画面？
3. 你如何理解这首诗所抒发的感情？
4. 重章叠唱是《诗经》典型的艺术特色，请简要分析这首诗重章叠唱的表达效果。

三、长歌行

【知识精粹】

《长歌行》是一首中国古典诗歌，属于汉乐府诗，是劝诫世人惜时奋进的名篇。此诗从整体构思看，主要是说时节变换得很快，光阴一去不返，因而劝人要珍惜青年时代，奋发努力，有所作为。全诗以景寄情，由情入理，将“少壮不努力，老大徒伤悲”的人生哲理，寄寓于朝露易干、秋来叶落、百川东去等鲜明形象中，借助朝露易晞、花叶秋落、流水东去不归来，发出了时光易逝、生命短暂的感叹，鼓励人们紧紧抓住随时间飞逝的生命，奋发努力，趁少壮年华有所作为，其情感基调是积极向上的。其主旨体现在结尾两句，但诗人的思想又不是简单地表述出来，而是从现实世界中撷取出富有美感的具体形象，寓教于审美之中。

【巩固练习】

一、填空题

1. 我国古代最长的叙事诗是__________。
2. “乐府双璧”指____________和____________。
3. 汉代《孔雀东南飞》、北朝《木兰诗》和唐代韦庄《秦妇吟》并称“__________”。
4.《长歌行》中，告诫人们要珍惜时间的诗句是____________________________。

5.“阳春布德泽，万物生光辉”中的“布”的意思是________，“德泽”指________。

6. ________________，寸金难买寸光阴。

二、选择题

1. 选出理解不正确的一项（　　）。

A. “朝露待日晞”中的“晞”可理解为“晒干”；“焜黄华叶衰”中的“衰”可理解为“衰败”

B. 这是一首咏物诗，诗人用托物言志的手法，通过自然景物的盛衰规律来警示我们要珍惜时光，及时努力

C. 诗的最后两句堪称点睛之笔，它精炼醒目，与岳飞《满江红》中的“莫等闲，白了少年头，空悲切！”有异曲同工之妙，均是千古名句

D. 作者的目的是通过描写园中葵、百川，赞美万物的勃勃生机

2.“少壮不努力，老大徒伤悲”选自（　　）。

A.《长恨歌》　B.《长歌行》　C.《短歌行》　D.《燕歌行》

【拓展训练】

1.《长歌行》哪一句是宾语前置句？前置的宾语是什么？如何理解？

2. 本诗的主旨句是哪一句？这句诗告诉我们一个什么道理？

四、迢迢牵牛星

【知识精粹】

《迢迢牵牛星》是产生于汉代的一首文人五言诗，为《古诗十九首》之一。此诗借神话传说中牛郎、织女被银河阻隔而不得会面的悲剧，抒发了女子离别相思之情，写出了人间夫妻不得团聚的悲哀。字里行间蕴藏着一定的不满和反抗意识。诗人抓住银河、机杼这些和牛郎织女神话相关的物象，借写织女有情思亲、无心织布、隔河落泪、对水兴叹的心态，来比喻人间的离妇对辞亲去远的丈夫的相思之情。全诗想象丰富，感情缠绵，用语婉丽，境界奇特，是相思怀远诗中的新格高调。

【巩固练习】

一、填空题

1.“四大民间传说”指________________、________________、________________、________________。

2. 这首诗取材于我国古代__________________的神话传说，它写的虽然是天上的事，反映的却是现实的生活。人们常用这一神话比喻__________________。

3. 这首诗中，有一个很关键的过渡性句子，它既是前因又是后果，这个句子是：__________________。

4. 这首诗在刻画织女时，并没有孤立静止地去写她的思想活动，而是通过__________________和__________________来揭示人物的内心世界，显得含蓄深沉，极富艺术感染力。

【拓展训练】

1. 这首诗中专门描写织女的诗句是？诗人抒发慨叹的诗句是？

2. 这首诗共十句，其中六句都用了叠词。即“迢迢”“皎皎”“纤纤”“札札”“盈盈”“脉脉”，这些叠词有什么作用？

第二节　魏晋南北朝

一、短歌行

曹　操

【知识精粹】

《短歌行》是汉乐府的旧题，属于《相和歌辞·平调曲》，就是说它本来是一个乐曲的名称，最初的古曲已经失传。乐府里收集的同名诗歌有 24 首，这首《短歌行》的主题非常明确，就是作者希望有大量人才来为自己所用。曹操在其政治活动中，为了扩大他在庶族地主中的统治基础，打击世袭豪强势力，曾大力强调“唯才是举”，为此先后发布了《求贤令》《举士令》《求逸才令》等。而《短歌行》实际上就是一曲“求贤歌”，又正因为运用了诗歌的形式，含有丰富的抒情成分，所以能够起到独特的感染作用，有力地宣传了他所坚持的主张，配合了他所颁发的政令。

【巩固练习】

一、填空题

1. 说明诗中所用比喻的含义。

用“朝露”来比喻__________________。

用“月明星稀，乌鹊南飞”比喻 ____________________。

用“山不厌高，水不厌深”比喻____________________。

2. 曹操的《短歌行》中的“____________，____________”被唐代文学家刘禹锡在《陋室铭中》化用为“山不在高，有仙则名；水不在深，有龙则灵”的千古名句。

3. ____________________，____________________。绕树三匝，何枝可依？

二、选择题

1. 下列对诗句的解说不正确的一项是（　　）。

A. “对酒当歌，人生几何”和“何以解忧，唯有杜康”几句诗表达了功业未成的曹操悲观厌世的一面

B. “青青子衿，悠悠我心”运用了“青衿”的典故，意在表达作者求贤若渴之心

C. 根据当时的时代背景，诗人“忧从中来”的“忧”来自壮志未酬却已年过半百的忧虑，来自社会动荡，国家统一前途未卜的担忧，等等

D. “月明星稀，乌鹊南飞。绕树三匝，何枝可依”两联借乌鹊绕树表达“良禽择木而栖，贤臣择主而事”之意，希望天下贤士归于自己

【拓展训练】

1. 说明诗中所用典故的含义。

2. 回答下面的问题。

（1）全诗反复出现一个“忧”字，诗人“忧”什么？

（2）如何理解“对酒当歌，人生几何？譬如朝露，去日苦多”这四句诗的思想感情？

二、归园田居（其一）

陶渊明

【知识精粹】

《归园田居》是晋宋时期文学家陶渊明的组诗作品，共六首（一本作五首）。第一首诗从对官场生活的强烈厌倦写到田园风光的美好动人、农村生活的舒心愉快，流露出一种如释重负的心情，表达了作者对自然和自由的热爱。第二首诗着意写出乡居生活的宁静，以朴实无华的语言不加雕饰地描绘出一个宁静纯美的天地，表现了乡村的幽静和作者心境的恬淡。第三首诗细腻生动地描写了作者对农田劳动生活的体验，风格清淡而又不失典雅，洋溢着诗人心情的愉快和对归隐的自豪。第四首诗写作者亲自参加劳动和对劳动的热爱，表明他不但没有因早出晚归地辛苦劳动而减少对劳动的兴趣，反而加深了他对劳动的感情，坚定了他终生归耕的决心。第五首诗讲述了作者耕

种归来的活动，表达了他欣然自得之情。第六首诗讲述了诗人一天的劳动生活，最后揭示其劳动的体验、田居的用心。末首诸家以为非陶诗，而苏轼以为陶作，并评曰："渊明诗初看若散缓，熟看有奇句。"

【巩固练习】

一、选择题

1. 为下列句子中加点的词选择恰当的解释：

（1）少无适俗韵（　　）。

A. 韵味　　B. 音乐　　C. 性格　　D. 风俗

（2）桃李罗堂前（　　）。

A. 排列　　B. 网罗　　C. 张罗　　D. 搜罗

（3）虚室有余闲（　　）。

A. 空地　　B. 空宅　　C. 闲暇　　D. 闲宅

2. 羁鸟恋__甲__，池鱼思__乙__。狗__丙__深巷中，鸡__丁__桑树颠。

在上文中甲乙丙丁四处依次填词，其中最恰当的一组是（　　）。

A. 密林 深渊 吠 鸣

B. 旧林 故渊 吠 鸣

C. 密林 故渊 叫 飞

D. 旧林 深渊 吠 飞

3. 下列对《归园田居》词语的解说不正确的一项是（　　）。

A. "尘网"，喻污浊、黑暗的官场

B. "羁鸟"，以关在笼中的鸟自喻

C. "故渊"，即篇末所说的自然

D. "樊笼"，指囚牢般的社会制度

4. 对文中诗句理解不恰当的是（　　）。

A. 少无适俗韵，性本爱丘山：从小就没有适应世俗的气质性格，天性本来就只喜爱田园、山林。韵，这里指性格、气质

B. 误落尘网中，一去三十年：错误地落入官场的罗网里，一离开故园就是三十年（从陶渊明初仕为江州祭酒，到辞去彭泽令归隐，实际是十三年。诗人这里有意夸大，表现了对官场生活的极度厌倦）

C. 羁鸟恋旧林，池鱼思故渊：关在笼中的鸟留恋原来飞翔栖息过的树林，池中的鱼思念以往自由生活过的深潭

D. 开荒南野际，守拙归园田：在村南的野外开荒，我又能安守清贫回归故里

5. 对文中诗句理解不恰当的是（　　）。

A. 方宅十余亩，草屋八九间：住宅周围土地有十余亩，草房有八九间。方，周围，四旁

B. 榆柳荫后檐，桃李罗堂前：繁茂的榆树、柳树遮蔽着草屋的后檐，桃树、李树整齐地排列在堂屋的前面

C. 户庭无尘杂，虚室有余闲：门外没有一点尘土杂物，干干净净，住在陈设简陋的屋子里觉得清闲

D. 久在樊笼里，复得返自然：长久关在樊笼里，如今终于又回到了大自然

6. 对这首诗的分析，不正确的一项是（　　）。

A. 这首诗用白描手法，情景交融，语言朴素，比喻贴切

B. 表现了作者摆脱污秽官场，来到清新的乡村之后的自由生活和愉快的心情

C. 一些平平常常的农家事物，在诗人笔下构成了一幅恬静幽美、清淡朴素的田园图画

D. 全诗写出了诗人从少年进入官场到多年后退出官场的全过程

二、课文默写填空

1. ____________________，性本爱丘山。

2. ____________________，池鱼思故渊。

3. ____________________，依依墟里烟。

4. 久在樊笼里，____________________。

【拓展训练】

你喜欢田园生活吗？如果喜欢，描绘一下你喜欢的田园生活。

第三节　唐五代

一、送杜少府之任蜀州

王　勃

【知识精粹】

《送杜少府之任蜀州》是唐代诗人王勃的作品。此诗意在慰勉友人勿在离别之时悲哀。首联描绘出送别地与友人出发地的形势和风貌，隐含送别的情意，严整对仗；颔联为宽慰之辞，点明离别的必然性，以散调相承，以实转虚，文情跌宕；颈联奇峰突起，高度地概括了“友情深厚，江山难阻”的情景，使友情升华到一种更高的美学境界；尾联点出“送”的主题，而且继续劝勉、叮咛朋友，也是自己情怀的吐露。此诗开合顿挫，气脉流通，意境旷达，堪称送别诗中的不世经典。全诗仅仅四十个字，却

变化无穷，仿佛在一张小小的画幅上，包容着无数的丘壑，有看不尽的风光，至今广为传诵。

【巩固练习】

一、填空题

1. 本诗出自____________，作者是____________（朝代）的王勃（诗人），他和________________________并称为“初唐四杰”。

2. 此诗是一首____________，全诗表达了与知己的____________，抒发了对朋友远行的____________之情，体现出作者____________。

3.“风烟”突出了杜少府任所的____________，上任路途的____________。“____”将相隔千里的京城和蜀地联系起来。

4. 颈联蕴含了______________________________________的哲理，真正的友谊是____________________________________的，既是永恒的，也是无所不在的。这一句成为________________________________不朽名句。

二、选择题

1. 对本诗诵读节奏划分有误的一项是（　　）。

A. 城阙/辅/三秦，风烟/望/五津

B. 与君/离/别意，同是/宦/游人

C. 海内/存/知己，天涯/若/比邻

D. 无为/在/歧路，儿女/共/沾巾

2. 对本诗赏析有误的一项是（　　）。

A. 这是一首五言律诗，作者是被称为“初唐四杰”之一的王勃

B. 第一句点出了送别的地点，第二句则把读者的视线引向了杜少府即将赴任之地

C. 颔联是说，诗人要跟朋友分手，去外地做官

D. 尾联紧承颈联而来，诗人劝慰杜少府，不要在临别之时像“儿女”一般哭鼻子、抹眼泪

【拓展训练】

1. 这首诗表达了诗人什么样的思想感情？

2. 这首诗中的“海内存知己，天涯若比邻”是千古传诵的句子，请说说它好在哪里。

二、春江花月夜

张若虚

【知识精粹】

《春江花月夜》是唐代诗人张若虚的诗作。此诗沿用陈隋乐府旧题，运用富有生活气息的清丽之笔，以月为主体，以江为场景，描绘了一幅幽美邈远、惝恍迷离的春江月夜图，抒写了游子思妇真挚动人的离情别绪以及富有哲理意味的人生感慨，表现了一种迥绝的宇宙意识，创造了一个深沉、寥廓、宁静的境界。全诗共三十六句，每四句一换韵，通篇融诗情、画意、哲理为一体，意境空明，想象奇特，语言自然隽永，韵律宛转悠扬，洗净了六朝宫体的浓脂腻粉，具有极高的审美价值，素有"孤篇盖全唐"之誉。

【巩固练习】

一、填空题

在人才辈出、群星璀璨的唐代诗坛，有这样一位诗人，因为一轮明月而成就了诗坛的千秋美名，这位诗人就是________。这首诗便是千百年来无数人为之迷恋、为之倾倒的《春江花月夜》。作者是与贺知章、张旭、包融齐名，被誉为"吴中四士"。他在诗风上厌恶________以来的空洞艳体，追求________，富有理想的高远意境。《春江花月夜》为________（体裁）诗。作者吸取了________（朝代）民歌的内容形式，打破了六朝以来宫体诗的空洞庸俗，为写景、叙事、抒情融合一体的诗歌奠定了基础，对诗歌的继承和发展，影响极为深远。此诗的外在线索是________________，同时又以______________为景物描写的主体和引发感喟、抒写情思的依托，表里兼顾，情景交融，使全诗显得浑然一体。

【拓展训练】

1. 如何理解"谁家今夜扁舟子，何处相思明月楼"？
2. "落月摇情满江树"有什么含意？

三、登幽州台歌

陈子昂

【知识精粹】

《登幽州台歌》是唐代诗人陈子昂的作品。这是一首怀古伤今的生命悲歌，从中可以看出诗人孤独遗世、独立苍茫的落寞情怀。此诗通过描写登楼远眺，凭今吊古所引起的无限感慨，抒发了诗人抑郁已久的悲愤之情，深刻地揭示了封建社会中那些怀才不遇的知识分子遭受压抑的境遇，表达了他们在理想破灭时孤寂郁闷的心情，具有深刻典型的社会意义。全诗语言苍劲奔放，富有感染力，结构紧凑连贯，又留有充分的空间：前二句俯仰古今，写出时间漫长；第三句登楼眺望，写出空间辽阔；在广阔无垠的时空背景中，第四句描绘了诗人孤独寂寞苦闷的情绪，两相映照，分外动人，读来酣畅淋漓又余音缭绕。

【巩固练习】

一、填空题

1. 这首诗是诗人登幽州台有感于燕昭王求贤若渴、礼贤下士的史事而作。诗中，作者通过抚今追昔的感慨，深刻表达了______________________________的思想感情。

2. “古人”“来者”指的是_____________。“独”字表现了作者_________的心境。整首诗通过采用_______的表现手法，表达诗人的思想感情，具有_____的感情基调。

【拓展训练】

1.“念天地之悠悠，独怆然而涕下”两句诗营造了一种极其特殊的意境。请简要谈谈你对这两句诗的理解。

2.“前不见古人，后不见来者”表现了作者怎样的人生感慨？

3.“念天地之悠悠”写出了空间的什么特点？

4.“独怆然而涕下”体现了作者什么样的心情？

5. 这首诗表达了诗人怎样的思想感情？

四、黄鹤楼

崔 颢

【知识精粹】

《黄鹤楼》是唐代诗人崔颢创作的一首七言律诗。此诗描写了在黄鹤楼上远眺的美丽景色，是一首吊古怀乡之佳作。这首诗首联巧用典故，由仙人乘鹤归去引出黄鹤楼；颔联紧承首联，说自从仙人离去，黄鹤楼已经历经千百年之久；颈联诗意一转，进入景物描写，写晴日在黄鹤楼所见之景；尾联以写烟波江上日暮怀归之情作结，使诗意重归于开头那种渺茫不可见的境界。全诗虽不协律，但音节嘹亮而不拗口，信手而就，一气呵成；情景交融，意境深远。

【巩固练习】

一、填空题

1.《黄鹤楼》的作者是____________，生活的时代是____________。

2.“晴川历历汉阳树，芳草萋萋鹦鹉洲”中用了叠词“历历”“萋萋”，使作品朗读时呈现____________的艺术特色。

3. 请还原“晴川历历汉阳树，芳草萋萋鹦鹉洲”一句中倒装的语序。

______________________________。

二、选择题

1. 下列关于《黄鹤楼》的说法正确的一项是（　　）。

A. 这是一首满怀思乡愁绪的作品

B. 这是一首抒发有志报国而实施无门的作品

C. 这是一首思念友人、赞美友情的作品

D. 这是一首赞美黄鹤楼风光优美的作品

2. 对《黄鹤楼》分析不正确的一项是（　　）。

A. 崔颢的诗风历来雄浑奔放，风骨凛然

B. 诗中最后一句运用倒装的句式，读起来更显气势

C. 这首诗情景交融，气势恢宏，令人读后回味无穷

D. 诗句铿锵有力，明朗和谐，具有音韵之美

三、解释下列加点词语

（1）此地空余黄鹤楼

（2）黄鹤一去不复返

（3）晴川历历汉阳树

（4）日暮乡关何处是

【拓展训练】

1.“此地空余黄鹤楼”和“白云千载空悠悠”中都有一个“空”字，试比较这两个“空”字的意义作用有何不同。

2. 从情景关系的角度简要赏析第三、四联。

五、山居秋暝

王　维

【知识精粹】

《山居秋暝》是唐代诗人王维的作品。此诗描绘了秋雨初晴后傍晚时分山村的旖旎

风光和山居村民的淳朴民风，表现了诗人寄情山水田园并对隐居生活怡然自得的满足心情，以自然美来表现人格美和社会美。全诗将空山雨后的秋凉、松间明月的光照、石上清泉的声音、竹林中浣女归来的喧笑声以及渔船穿过荷花的动态和谐完美地融合在一起，给人一种丰富新鲜的感受。全诗像一幅清新秀丽的山水画，又像一支恬静优美的抒情乐曲，体现了王维“诗中有画”的创作特点。

【巩固练习】

一、填空题

1. 山水田园诗源于东晋的谢灵运和晋代________，以唐代_______、________，宋代杨万里为代表。诗境隽永优美，风格恬静淡雅，语言清丽洗练，多用白描手法。以描写自然风光、农村景物以及安逸恬淡的隐居生活见长。诗中描绘一种田园牧歌式的生活，借以表达对现实的不满，对宁静平和生活的向往。

2. 王维，字摩诘，世称_____________，唐代____________诗人。“_____________，_____________”是苏轼称赞王维之语。

【拓展训练】

1. 开头两句描写了山中景象的什么特点？这两句在全诗中有什么作用？如何理解“空”字？

2. 从意象入手，分析中间两联的内容和情感，并谈谈你对这两联写作技巧的理解。

3. 尾联运用了什么写法？抒发了作者什么情感？

六、将进酒

李　白

【知识精粹】

《将进酒》是唐代大诗人李白沿用乐府古题创作的一首诗。此诗为李白长安放还以后所作，思想内容非常深沉，艺术表现非常成熟，在同题作品中影响最大。诗人豪饮高歌，借酒消愁，抒发了忧愤深广的人生感慨。诗中交织着失望与自信、悲愤与抗争的情怀，体现出豪纵狂放的鲜明个性。全诗情感饱满，无论喜怒哀乐，其奔涌迸发均如江河流泻，不可遏止，起伏跌宕，变化剧烈。在表现手法上多用夸张，且往往以巨额数量词进行修饰，既表现出诗人豪迈洒脱的情怀，又使诗作本身显得笔墨酣畅，抒情有力，同时结构上大开大阖，充分体现了李白七言歌行的特色。

【巩固练习】

一、填空题

1. 为下列加点字注音。

将进酒（　）　　莫使金樽空对月（　）

烹羊宰牛且为乐（　）　岑夫子（　）
钟鼓馔玉不足贵（　）　斗酒十千恣欢谑（　）（　）
呼儿将出换美酒（　）　千金散尽还复来（　）

2. 解释下列诗句中的加点词语。

（1）高堂明镜悲白发（　）
（2）会须一饮三百杯（　）
（3）钟鼓馔玉不足贵（　）
（4）斗酒十千恣欢谑（　）
（5）径须沽取对君酌（　）
（6）与尔同销万古愁（　）
（7）但愿长醉不复醒（　）
（8）主人何为言少钱（　）

3. 起兴与夸张手法的运用是本诗颇具特色之处，请各举一例予以解说。

① 起兴手法

诗句：____。

特色：____。

② 夸张手法

诗句：____。

特色：________________________________

4. 诗中运用陈王曹植的典故的作用是什么？

____

二、选择题

1. 下列句子节奏划分不正确的一项是（　　）。

A. 君不见/黄河之水/天/上来，奔流到海/不/复回

B. 君不见/高堂明镜/悲/白发，朝如青丝/暮/成雪

C. 天生我材/必/有用，千金散尽/还/复来

D. 烹羊宰牛/且/为乐，会须/一饮/三百/杯

2. 对第一段诗句的解说，错误的一项是（　　）。

A. “君不见黄河之水天上来，奔流到海不复回。”诗人以河水一去不返喻人生易老，以黄河的伟大永恒衬托生命的渺小脆弱。

B. “君不见高堂明镜悲白发，朝如青丝暮成雪。”将人生由青春至衰老的全过程说成“朝”“暮”间事，把本来短暂的人生说得更短暂。

C. “人生得意须尽欢，莫使金樽空对月。”表现了诗人消极的思想：人生得意时，要尽情地寻欢作乐，别让金杯玉露空对天上明月。因为人生寿命如黄河之水流入海，一去不复返，因此应及时行乐，莫负光阴。

D. “天生我材必有用，千金散尽还复来。”是诗人乐观自信地肯定自我价值的宣言，流露出怀才不遇的郁闷和渴望用世的积极思想感情。

3. 对全诗分析不正确的是（　　）。

A.《将进酒》是一首劝酒歌，诗人借题发挥，尽吐郁积在胸中的不平之气，也表达了对施展抱负的渴望。“钟鼓馔玉不足贵，但愿长醉不复醒”两句，是诗的主旨，有统摄全诗的作用

B. 全篇诗情忽张忽翕，大起大落，由悲转乐、转狂放、转愤激、再转狂放，最后结于“万古愁”，回应篇首，奔放跌宕

C. 诗中起兴、夸张的手法运用颇具特色。如诗篇开头的两组夸张的长句，就有挟风裹雨而来之势，具有惊心动魄的艺术力量。诗中屡用巨额数字“十千”“千金裘”“万古愁”，虽表现了豪迈诗情，却略给人空浮之感

D. 诗句以七言为主，间以三、五、十言“破”之，长短不一，参差错综，使之快慢多变，一泻千里

【拓展训练】

1. 诗人为什么长醉不愿醒？

2. 反映全诗主旨的是哪一句？

七、茅屋为秋风所破歌

杜　甫

【知识精粹】

《茅屋为秋风所破歌》是唐代伟大诗人杜甫旅居四川成都草堂期间创作的一首歌行体古诗。此诗叙述作者的茅屋被秋风吹破以致全家遭雨淋的痛苦经历，抒发了自己内心的感慨，体现了诗人忧国忧民的崇高思想境界，是杜诗中的典范之作。全篇可分为四段，第一段写面对狂风破屋的焦虑；第二段写面对群童抱茅的无奈；第三段写遭受夜雨的痛苦；第四段写期盼广厦，将苦难加以升华。前三段是写实式的叙事，诉述自家之苦，情绪含蓄压抑；后一段是理想的升华，直抒忧民之情，情绪激越轩昂。前三段的层层铺叙，为后一段的抒情奠定了坚实的基础，如此抑扬曲折的情绪变换，完美地体现了杜诗“沉郁顿挫”的风格。

【巩固练习】

一、填空题

1. 体现作者崇高理想的句子是________________________________。

2. 表现杜甫为理想而献身的伟大情怀的诗句是________________________。

3. 写风声宏大，读者如闻秋风咆哮的短语是________________________。

4. 写诗人无可奈何的一句是____。

5. “倚杖”与“__________”相照应。

6. 此诗题目中的“____”字代表了诗的体裁，诗中流露了作者_________的思想。

7. 诗一开始就单刀直入地具体描写__________________________的情状，既显示______之大，又描绘出茅飞之状，更见诗人的_____________之情。结尾诗人由自己的困苦推及“______________”，表示宁愿“__________”受冻至死，也要使天下人得到安乐，体现了诗人对人民苦难的同情。

二、选择题

1. 下面对《茅屋为秋风所破歌》赏析有误的一项是（　　）。

A. 这首诗描写了诗人自己的茅屋被秋风摧残后的窘况，同时表现了诗人为天下“寒士”着想的高尚情操

B. 诗歌以描述开篇，用写实的手法，写了秋风的威力、声势，也写了诗人无可奈何的情状

C. 当秋雨来临时，诗人不再关心自己的茅屋，而把大量的精力用在关注“安得广厦千万间，大庇天下寒士俱欢颜”上

D. 这是一首歌行体的古诗，连续、频繁的韵脚变换体现了“歌”的特点

2. 选出对《茅屋为秋风所破歌》理解不正确的一项（　　）。

A. 这首诗属于近体诗，歌是古诗的一种体裁

B. 语言朴实、准确、形象、生动，并带有很强的感情色彩，是这首诗的一大特色

C. 全诗通过屋破漏雨情节的描写，反映了诗人在战乱年代的贫困生活和关心天下寒士的善良愿望

D. 全诗将叙述、描写、抒情三者融为一体，用忧国忧民这根感情线索把它们交织在一起，意境深远

【拓展训练】

1. 王安石在《子美画像》诗中说：“宁令吾庐独破受冻死，不忍四海赤子寒飕飕。伤屯悼屈止一身，嗟时之人我所羞。所以见公画，再拜涕泗流。”本文中的哪些诗句与王安石的话相照应？

2. 杜甫一向关心人民疾苦，他的诗素有“诗史”之称，结合这首诗谈谈你的理解。

八、枫桥夜泊

张 继

【知识精粹】

《枫桥夜泊》是唐代诗人张继的作品。唐朝安史之乱后，张继途经寒山寺时写下这首羁旅诗。此诗精确而细腻地描述了一个客船夜泊者对江南深秋夜景的观察和感受，勾画了月落乌啼、霜天寒夜、江枫渔火、孤舟客子等景象，有景有情有声有色。此外，这首诗也将作者羁旅之思、家国之忧，以及身处乱世尚无归宿的顾虑充分地表现出来，是写愁的代表作。全诗句句形象鲜明、可感可画，句与句之间逻辑关系又非常清晰合理，内容晓畅易解。不仅中国历代各种唐诗选本选入此诗，连亚洲一些国家的小学教科书也收录此诗。

【巩固练习】

一、填空题

1.《枫桥夜泊》的作者是________朝诗人________，诗中的“姑苏”即指现在的________。

2. 这首诗历来被奉为________________的典范。

3. 全诗的“诗眼”是________________。

二、综合题

1. 下列加点字注音完全正确的一组是（　　）。

A. 索引（suǒ）　招徕（lái）

B. 夜泊（pō）　心扉（fēi）

C. 姑苏（shū）　惭愧（chán）

D. 糟蹋（zhāo）　疾呼（jī）

2. 按照下面各句的意思填写成语。

（1）只按照字面去牵强附会，不推求确切的含义：________________。

（2）独到性地运用精巧的心思，常常用来形容独特的艺术构思：________________。

（3）形容文章的内容空洞，文字枯燥:________________________。

（4）按照一般情理推测揣度：__________________________________。

【拓展训练】

1. 在诗中作者写了哪几种景物？这些景物有什么特征？

2. 通过景物的描写，作者表达了怎样的思想感情？

九、菩萨蛮

韦 庄

【知识精粹】

《菩萨蛮五首》是唐末五代词人韦庄的组词作品。这五首词是一个整体，但又可分前后两个层次。前三首为一层，重在对江南情事的追忆；后二首又是一层，重在寓居洛阳的所经所感。这组词有两层含义，既可以说词人所写的是跟一个现实的女子离别的相思怀念，也可以说是暗写了对于唐朝故国的一份忠爱之情。

【巩固练习】

一、填空题

1. 这是一首____________诗。
2. 这首词的作者是______，他与温庭筠齐名，并称______。
3. 这首词中描写江南美景的诗句是________________________。
4. 这首词中描写江南美人的诗句是________________________。
5. “只合”的意思是____________________。

二、选择题

1. 对本词的分析不恰当的一项是（　　）。
   A. 一二句借游人总述，夸赞江南好，进而劝告客居、隐居的人在此久居直到年老
   B. 三四句写美景宜人，五六句写卖酒少女的美丽动人，以此写出江南的景人皆美
   C. 七八句表达词人愿久居江南，他觉得如果不到年老就回到家乡，会有无限遗憾
   D. 全词描摹的是江南水乡风光宜人、人物风流倜傥，抒发自己客居于此的得意之情
2. 对本词写作技巧的分析，错误的一项是（　　）。
   A. 开头用正面描写，总述江南美，又与结尾呈照应关系
   B. 景点的选择，极富江南水乡特点，既有景，又有游人的感受
   C. “垆边人”用的是借代，用“一斑窥豹”写其美，引人想象
   D. 一般写游子思乡断肠，这首词却反其意而用之，独具新意

【拓展训练】

1. 词中哪些方面写出了“江南好”？

2. 客居他乡的人总是为思乡之情所苦，这首《菩萨蛮》却写道：“未老莫还乡，还乡须断肠。”试分析这两句诗表达了怎样的感情？

3. 这首词表达了作者怎样的思想感情？

十、虞美人（春花秋月何时了）

李 煜

【知识精粹】

虞美人，词牌名，又名“一江春水”“玉壶水”“巫山十二峰”等。以李煜词、毛文锡词为正体。代表作有李煜《虞美人（春花秋月何时了）》《虞美人（风回小院庭芜绿）》等。《虞美人（春花秋月何时了）》是五代十国时期南唐后主李煜在被毒死前夕所作的词，堪称绝命词。此词是一曲生命的哀歌，作者通过自然永恒与人生无常的尖锐矛盾的对比，抒发了亡国后顿感生命落空的悲哀。全词语言明净、凝练、优美、清新，以问起，以答结，由问天、问人而到自问，通过凄楚中不无激越的音调和曲折回旋、流走自如的艺术结构，使作者沛然莫御的愁思贯穿始终，形成沁人心脾的美感效应。

【巩固练习】

一、填空题

1. 这首词的作者是______，他被称为“南唐后主”或“李后主”。

2. “虞美人”是________________。

二、选择题

1. 下列《虞美人（春花秋月何时了）》词句中，暗喻江山易主的是（　　）。

A. 春花秋月何时了？往事知多少

B. 小楼昨夜又东风，故国不堪回首月明中

C. 雕栏玉砌应犹在，只是朱颜改

D. 问君能有几多愁？恰似一江春水向东流

2.《虞美人（春花秋月何时了）》是一首（　　）。

A. 悼亡词　　B. 抒情词　　C. 怀古词　　D. 咏物词

3. 李煜是一个（　　）。

A. 唐代词人　　B. 南宋词人　　C. 五代词人　　D. 北宋词人

【拓展训练】

1.“春花秋月”是美景，作者为什么要追问它“何时了”？

2.“雕栏玉砌应犹在，只是朱颜改”中的“朱颜改”如何理解？这二句词蕴含了词人什么样的思想感情？

3. 结尾两句把“愁”比做“一江春水向东流”，突出了“愁”的哪些特点？这样写有什么好处？

第四节　宋　金

一、苏幕遮·怀旧

范仲淹

【知识精粹】

苏幕遮，词牌名，又名“古调歌”“云雾敛”“鬓云松”“鬓云松令”等。以范仲淹《苏幕遮·怀旧》为正体。《苏幕遮·怀旧》是一首描写羁旅乡愁的词。此词借景抒情，情景交融，以绚丽多彩的笔墨描绘了碧云、黄叶、寒波、翠烟、芳草、斜阳、水天相接的江野辽阔苍茫的景色，勾勒出一幅清旷辽远的秋景图，抒写了夜不能寐、高楼独倚、借酒浇愁、怀念家园的深情。全词低回宛转而又不失沉雄清刚之气，上阕着重写景，气象宏大浑厚，意境深远，为下阕抒情设置了背景；下阕重在抒情，直抒胸臆，声情并茂，意致深婉。其主要特色在于能以沉郁雄健之笔力抒写低回宛转的愁思，展现了范仲淹词柔媚的一面。《西厢记》中“碧云天，黄花地，西风紧，北雁南飞”就是化用的这首诗中的名句。

【巩固练习】

一、填空题

1. ＿＿＿＿＿＿，也称为词格，是填词用的曲调名。

2. 从内容字数看，＿＿＿＿＿＿以内为小令，五十九至九十字为＿＿＿＿＿＿，九十一字以外为＿＿＿＿＿＿。

3. 本词作者是＿＿＿＿＿＿＿。本词是他驻守西北边防时所作。词的上阕写＿＿＿＿＿＿＿，突出一个＿＿＿字；下阕写＿＿＿＿＿＿＿，突出一个＿＿＿字。全词笔力雄健，感情沉郁。

4. 默写下片：

二、选择题

1. 对这首词的分析理解，不恰当的一项是（　　）。

A. 开头两句，描写了秋季天空寥廓苍茫、大地草木凋零的典型景色

B. “黯乡魂，追旅思”是说作者面对秋景更加思念故乡，回首望去，一片幽暗，不禁追忆起旅途行程

C. “夜夜除非”的“除非”两字意为“除此之外，别无可能”

D. 这是古代诗词中借秋景抒发离别之情的名篇，情虽悲凉哀婉，气势却沉雄刚健

2. 下列关于范仲淹的说法，错误的是（　　）。

A. 范仲淹，字希文，是南宋杰出的思想家、政治家、文学家

B. “先天下之忧而忧，后天下之乐而乐”出自范仲淹的名篇《岳阳楼记》

C. 范仲淹曾任陕西经略安抚招讨副使，采取“屯田久守”方针，巩固西北边防

D. 范仲淹的文章、诗词所表达的情操对后世影响深远

【拓展训练】

1. 请写出描写秋景色彩鲜艳浓烈、烟雾迷蒙的自然景象的句子，并摘列出色彩词语。

2. 写出以家乡邈远衬托出思乡之情浓的句子。

3. 上片的“芳草无情，更在斜阳外”，在全诗中有什么作用？下片的“好梦”指什么？为什么说“明月楼高休独倚”？

二、浣溪沙（一曲新词酒一杯）

晏殊

【知识精粹】

《浣溪沙（一曲新词酒一杯）》是宋代词人晏殊的代表作。此词含伤春惜时之意，实为感慨抒怀之作，悼惜残春，感伤年华的飞逝，又暗寓怀人之意。词之上片绾合今昔，叠印时空，重在思昔；下片则巧借眼前景物，重在伤今。全词语言圆转流利，通俗晓畅，清丽自然，意蕴深沉，启人神智，耐人寻味。词中对宇宙人生的深思，给人以哲理性的启迪和美的艺术享受。其中“无可奈何花落去，似曾相识燕归来”两句历来为人称道。

【巩固练习】

一、填空题

1. 晏殊，字同叔，江西抚州临川人。______（朝代）著名文学家、政治家。晏殊

以词著于文坛，尤擅小令，风格含蓄婉丽，与其第七子________被称为“大晏”和“小晏”，又与______并称“晏欧”；亦工诗善文，原有集，已散佚。存世有《珠玉词》《晏元献遗文》等。

2. 晏殊的《浣溪沙》中“__________________，__________________”两句情致缠绵，对仗工整，宛如天成。

3. 你一定积累了许多关于时间的诗词名句，请至少写出两句：________________。

4. 这首诗的上片，和刘希夷《代悲白头翁》中的“________________________，______________________”的意蕴大体相似。

二、选择题

1. 下列对本词的理解不正确的一项是（　　）。

A. 这首词抒写对人事变迁、聚散无定的惆怅和对春意衰残、时光流逝的叹惋

B. 对春花落去、燕子归来的景象，词人既感到似曾相识，又觉得无可奈何

C. 词的上阕，写词人看着眼前的景况，勾起了对昔日欢聚的回顾，由此感叹时光的易逝

D. 词的下阕，描写春花的凋谢飘落及燕子的归来，抒发了词人伤春怀旧的情感

2. 下列对本词赏析不正确的一项是（　　）。

A. “夕阳西下几时回？”一句，表面是在发问，实际上是在抒发一种深重的感慨

B. “无可奈何花落去，似曾相识燕归来”这两句将景与情紧密地融合在一起，景中寓情，情景交融

C. “小园香径独徘徊”一句中“徘徊”反映了词人的心绪不宁，“独”字更道出了词人孤寂之深，伤感之重

D. 词人巧妙运用典故，善于用白描的手法写景抒情，语言平实直白

【拓展训练】

1. 起句“一曲新词酒一杯，去年天气旧亭台”，给我们展现了一幅怎样的图景？

2. 这首词表达了词人怎样的情怀？

三、蝶恋花（庭院深深深几许）

欧阳修

【知识精粹】

《蝶恋花（庭院深深深几许）》是北宋词人欧阳修的作品。此词描写闺中少妇的伤春之情。上片写少妇深闺寂寞，阻隔重重，想见意中人而不得；下片写美人迟暮，盼

意中人回归而不得，幽恨怨愤之情自现。全词写景状物，疏俊委曲，虚实相融，用语自然，辞意深婉，尤对少妇心理刻画写意传神，堪称欧词之典范。

【巩固练习】

一、填空题

1. 本词的作者是____________。他与____________、____________、____________、____________、____________、____________、____________被世人称为“唐宋散文八大家”。

2. 欧阳修，字永叔，号______，晚号_______，祖籍江西省吉安市，北宋政治家、文学家。他领导了北宋诗文革新运动，继承并发展了韩愈的古文理论。其散文创作的高度成就与其古文理论相辅相成，从而开创了一代文风。欧阳修在变革文风的同时，也对诗风、词风进行了革新。在史学方面，也有较高成就，他曾主修《新唐书》，并独撰《新五代史》。有《欧阳文忠集》传世。

二、选择题

1. 张惠言认为欧阳修的《庭院深深深几许》是一首描写（　　）的诗。

A. 山川　　B. 怨别　　C. 当时的党争　　D. 闺中思妇

2. 下列与本诗描述的季节相同的一项是（　　）。

A. 乱花渐欲迷人眼，浅草才能没马蹄

B. 忽如一夜春风来，千树万树梨花开

C. 杨华榆荚无才思，惟解漫天作雪飞

D. 风急天高猿啸哀， 渚清沙白鸟飞回

【拓展训练】

1. 首句“庭院深深深几许”连用三个“深”字，有什么表达作用？

2.“景中有情”是这首词的主要艺术特点，请就此作具体赏析。

四、雨霖铃（寒蝉凄切）

柳　永

【知识精粹】

《雨霖铃（寒蝉凄切）》是宋代词人柳永的作品。此词上片细腻刻画了情人离别的场景，抒发离情别绪；下片着重摹写想象中别后的凄楚情状。全词遣词造句不着痕迹，绘景直白自然，场面栩栩如生，起承转合优雅从容，情景交融，蕴藉深沉，将情人惜别时的真情实感表达得缠绵悱恻，凄婉动人，堪称抒写别情的千古名篇，也是柳词和婉约词的代表作。

【巩固练习】

一、填空题

1. 念去去，________________，________________。

2.《雨霖铃（寒蝉凄切）》中“____________？____________，___________”往往作为婉约派词的代表性句子。

二、选择题

1. 对“寒蝉凄切，对长亭晚，骤雨初歇”三句的作用理解正确的一项是（　　）。

A. 渲染气氛

B. 运用比喻，使形象更加鲜明

C. 交代离别时间、地点和人物

D. 运用排比增强气势

2. 对“执手相看泪眼，竟无语凝噎”两句的表现手法理解正确的一项是（　　）。

A. 运用夸张手法，表现人物感情

B. 运用虚拟想象手法，表达深厚的感情

C. 运用人物行为，烘托离愁别绪

D. 运用白描手法，写人物动作、情态

3. 下列说法有误的一项是（　　）。

A. 词有词牌，词牌是指词的题目。一般来说，一首词为一阕，“阕”在文字上，指词的分段

B. 词牌是指词的曲调名称。词的题目指填词用的题目，词的分段为上片、下片，或称上阕、下阕，因为一曲便是一阕

C. 词牌指填词用的曲牌名，“念奴娇”“永遇乐”之类便是；它们又是词的题目，而“赤壁怀古”“京口北固亭怀古”之类只不过是副标题。一曲为一阕，阕在文字上指词的曲调

D. 词，是歌词，是一种按照乐谱的曲调和节拍来填写、歌唱的文学作品，它和音乐有密切的关系。所以，词的种种特点，大都是由它的性质所决定的

4.“今宵酒醒何处？杨柳岸，晓风残月。”

① 这句话描绘的“景”是（　　）。

A. 幽静的　B. 清凉的　C. 凄冷的　D. 明丽的

② 这样的“景”表达的“情”是（　　）。

A. 凄苦的　B. 烦恼的　C. 恬淡的　D. 空虚的

【拓展训练】

1.“寒蝉凄切，对长亭晚，骤雨初歇”渲染了什么样的气氛？

2. “都门帐饮无绪，留恋处、兰舟催发”表现了人物何种心态？

3. “念”字在全词中起何作用？

五、桂枝香 · 金陵怀古

王安石

【知识精粹】

《桂枝香·金陵怀古》是宋代文学家王安石的词作。此词通过对金陵（今江苏南京）景物的赞美和历史兴亡的感喟，寄托了作者对当时朝政的担忧和对国家政治大事的关心。上阕写登临金陵故都之所见。“澄江”“翠峰”“征帆”“斜阳”“酒旗”“西风”“云淡”“鹭起”，依次勾勒水、陆、空的雄浑场面，境界苍凉。下阕写在金陵之所想。“蓬”字作转折，今昔对比，时空交错，虚实相生，对历史和现实表达出深沉的关切和沉重的叹息。全词情景交融，境界雄浑阔大，风格沉郁悲壮，把壮丽的景色与壮阔的历史和谐地融合在一起，自成一格，堪称名篇。

【巩固练习】

一、填空题

1. 本词的作者是____________，字介甫，号半山，抚州临川人。他既是北宋杰出的政治家、思想家、改革家，更是杰出的文学家，唐宋八大家之一。

2. 名句填空

（1）千里澄江似练，____。

（2）______________________________，背西风酒旗斜矗。

（3）______________________________，但寒烟衰草凝绿。

二、选择题

1. 对下列句子中加点的字，解释错误的一项是（　　）。

A. 登临送目　临：面对

B. 千里澄江似练　练：绸缎

C. 但寒烟衰草凝绿　但：但是

D. 征帆去棹　棹：船桨

2. 下列对词语的解释，错误的一项是（　　）。

A. 故国：金陵为六朝旧都，遂称故国

B. 千里澄江似练：喻指长江澄碧如缎带

C. 星河鹭起：星河，银河，喻指倒映着星空的长江，强调水天一色

D. 六朝：东晋、西晋、宋、齐、梁、陈六朝建都金陵

3. 下列各项对《桂枝香·金陵怀古》理解错误的一项是（　　）。

A. 上片前三句，点出词人的立足点、地点、季节，为全词设置出悲凉的气氛

B. 上片末三句，以水中的彩舟、江洲中的白鹭，展现了金陵多姿多彩的美景

C. 下片起句，“念往昔，繁华竞逐”，总结上片内容，并引起下文

D. 下片中“繁华竞逐”四字道出了六朝更替的根本原因

【拓展训练】

1. 试用自己的语言描绘“千里澄江似练，翠峰如簇”句中的景色。

2. 词的上片在写景上有何特点？

3. 作者在诗的末两句写到“至今商女，时时犹唱，《后庭》遗曲” 有何用意？

六、念奴娇·赤壁怀古

苏轼

【知识精粹】

《念奴娇·赤壁怀古》是宋代文学家苏轼的词作，是豪放词的代表作之一。此词通过对月夜江上壮美景色的描绘，借对古代战场的凭吊和对风流人物才略、气度、功业的追念，曲折地表达了作者怀才不遇、功业未就、老大未成的忧愤之情，同时表现了作者关注历史和人生的旷达之心。全词借古抒怀，雄浑苍凉，大气磅礴，笔力遒劲，境界宏阔，将写景、咏史、抒情融为一体，给人以撼魂荡魄的艺术力量，曾被誉为“古今绝唱”。

【巩固练习】

一、填空题

1. 这首词集中描写赤壁雄奇景象的诗句是________________。

2. 下片中，描写周瑜肖像仪态的诗句是 ________，________。

3. 点出这里是传说中的古代赤壁战场的词句是________________。

二、选择题

1. 从下列说法中选出正确的几项：（　　）。

A. “大江东去”中的“大江”指长江；“长河落日圆”中的“长河”指黄河

B. “故国神游”一句中，“故国”指旧国，旧地，即今天的中原地区

C. “卷起千堆雪”和“樯橹灰飞烟灭”两句都运用了比喻修辞格

D. “羽扇”“纶巾”都是古代武将的装束

E. “想当年，金戈铁马，气吞万里如虎”描写宋文帝刘义隆当年北伐抗敌的英雄气概

2. 下列句子中的“国”字，与例句中的“国”字意思相同的一项是（　　）。

例：故国神游

A. 红豆生南国，春来发几枝

B. 为国以礼，其言不让

C. 妇人暂而免诸国

D. 国破山河在，城春草木深

3. 对《念奴娇·赤壁怀古》的理解欠妥的一项是（　　）。

A. “大江东去，浪淘尽，千古风流人物。”开头几句，写得气势磅礴。作者从眼前滚滚东去的长江写起，联想到历史就如一条流淌千古的长河，有多少风流人物，都被历史长河的波涛所淘尽

B. “乱石穿空，惊涛拍岸，卷起千堆雪。”这三句正面描写赤壁的景色，历来为人所称道。“穿”“拍”“卷”三个动词，非常富有表现力，形象地传达了赤壁两岸悬崖绝壁直插云霄的形态、惊涛拍岸所发出的巨大涛声，以及像千堆雪一样汹涌的波涛的情状。寥寥13字，绘声、绘形、绘色，写出了赤壁壮丽的景色

C. “江山如画，一时多少豪杰。”这两句中，“江山如画”是对前面写景的总结，“一时多少豪杰”既是对前面“千古风流人物”的照应，也为下阕写周瑜张本

D. 词的下阕通过对周瑜的回想，表达了诗人渴望建功立业的感情。但在词的最后，诗人发出了人生如梦的感慨，认为不如及时行乐，因而觉得前面的感想是多余的，是自寻烦恼

4. 对《念奴娇·赤壁怀古》的赏析不恰当的一项是（　　）。

A. “大江东去，浪淘尽，千古风流人物。”词的开篇，即显示出词人的广阔视野，不仅描绘了大江的非凡气势，且囊括了许多古代威武雄壮的战争故事

B. “故垒西边，人道是，三国周郎赤壁。”诗人直抒胸臆，由对古代英雄的神往，而去追寻他们的足迹；且将“赤壁”冠以“周郎”，则暗示出他所思慕的英雄乃是周郎

C. 将“小乔初嫁”这一情节入词不仅在于要表现英雄美人珠联璧合，表现周瑜的雄姿英发，更在于揭示周瑜同孙权的密切关系，从而表现孙权对周瑜的信赖有加。诗句背后，则隐含着诗人不被信任、不被重用的叹息

D. “人生如梦，一樽还酹江月。”词人发出“人生如梦”的感慨，正是内心苦闷和哀伤的外露。然而，可贵的是，词人并未由此而消沉、颓废、及时行乐；相反，他以酒祭江，所表达的正是对英雄的缅怀和景仰

【拓展训练】

1. 词的上阕写景，写出了赤壁景色的哪些特点？

2. 这首词主要运用了怎样的写作手法，抒发了作者怎样的思想感情？

七、水调歌头（明月几时有）

苏 轼

【知识精粹】

《水调歌头（明月几时有）》是宋代大文学家苏轼公元1076年（宋神宗熙宁九年）中秋在密州（今山东省诸城市）时所作。这首词以月起兴，以与其弟苏辙七年未见之情为基础，围绕中秋明月展开想象和思考，把人世间的悲欢离合之情纳入对宇宙人生的哲理性追寻之中，反映了作者复杂而又矛盾的思想感情，又表现出作者热爱生活与积极向上的乐观精神。

【巩固练习】

一、填空题

1. 写出词中表明时间变化的词语：________________________。

2. 词中"____________，____________"表达了词人不为离愁别苦所束缚的乐观思想，也表达了词人的美好愿望。

3. 本词上阕写______，下阕写______，其实是__________。

4. 词中联结自然与社会，用变幻不拘的宇宙规律，说明人间离多合少是自古以来存在的事实的句子是______________，_______________，__________________。

5. 词中表达作者美好愿望的诗句是_______________，__________________。

二、选择题

1. 下列对《水调歌头》赏析不正确的一项是：(　　)。

A. 这首词上阕写词人对天上宫阙的向往和对人间生活的热爱，下阕写词人在月下对亲人的怀念和祝福，自始至终洋溢着乐观向上、积极奋进的情绪

B. "不应有恨，何事长向别时圆?"这一句，抒发思念亲人的感情，表面看来，好像是对月有怨恨之意，其实是写亲人不能团聚的惆怅

C. "人有悲欢离合，月有阴晴圆缺，此事古难全。"这句话从人到月，从古到今，对自然和社会做了高度概括，很有哲理意味

D. 全词情景交融，意境豪放阔大，描写虚实结合，充满了丰富的想象和浪漫的情致，具有强烈的艺术感染力

2. 以下对这首词赏析不正确的一项是(　　)。

A. 这首词是写诗人对亲人的怀念，因此整首词充满了伤感压抑的情调

B. 上片写词人“欢饮”时的想象，下片写“无眠”时对人生的思索探求，作者寓哲理于抒情之中

C. 词中把“天”与“月”人格化了，创造了一种神话般的境界

D.“转朱阁，低绮户，照无眠”中的“转”“低”，以月光变化表示夜已深，“无眠”表示想念亲人，难以入睡，由此引出下面“何事”一问

【拓展训练】

1. 古代诗词中，有很多写月抒怀的诗句，你能举出两例吗？

2.“人有悲欢离合，月有阴晴圆缺，此事古难全”包含了什么哲理？试简要分析。

3. 试对本词的艺术手法作简要分析。

八、鹊桥仙（纤云弄巧）

秦 观

【知识精粹】

《鹊桥仙（纤云弄巧）》是宋代词人秦观的词作。这是一首咏七夕的词，借牛郎织女悲欢离合的神话故事，讴歌了真挚、细腻、纯洁、坚贞的爱情。上片写牛郎织女聚会，下片写他们的离别。全词哀乐交织，熔抒情与议论于一炉，融天上人间为一体，优美的形象与深沉的感情结合起来，起伏跌宕地讴歌了美好的爱情。此词用情深挚，立意高远，语言优美，议论自由流畅，通俗易懂，却又显得婉约蕴藉，余味无穷，尤其是末二句，使词的思想境界升华到一个崭新的高度，成为千古佳句。

【巩固练习】

一、填空题

1. 这首词描写的一个传统佳节是________________。下片中，高扬爱情的真谛，表明真挚爱情的词句是________________，________________。

2. 这首词的“词题”是__________________，“词牌”是__________________。

3. 这是一首________________词。

二、简答题

1. 请简要分析“忍顾鹊桥归路”的“忍”字的表达效果。

2. 分析这首词的修辞特点。

九、声声慢（寻寻觅觅）

李清照

【知识精粹】

《声声慢（寻寻觅觅）》是宋代女词人李清照的作品。作品通过描写残秋所见、所闻、所感，抒发自己因国破家亡、天涯沦落而产生的孤寂落寞、悲凉愁苦的心绪，具有浓厚的时代色彩。此词在结构上打破了上下片的局限，一气贯注，着意渲染愁情，如泣如诉，感人至深。开头连下十四个叠字，形象地抒写了作者的心情；下文“点点滴滴”又前后照应，表现了作者孤独寂寞的忧郁情绪和动荡不安的心境。全词一字一泪，风格深沉凝重，哀婉凄苦，极富艺术感染力。

【巩固练习】

一、填空题

1. 李清照，号_____，____代女词人，_______词派代表，有“千古第一才女”之称。其词作自辟途径，语言清丽。论词强调协律，崇尚典雅，提出词“别是一家”之说，反对以作诗文之法作词。今有《李清照集校注》。

2. 满地黄花堆积，憔悴损，____________？守着窗儿，____________________！__________________，到黄昏、点点滴滴。这次第，______________________________！

二、选择题

1. 下列加点词的解释错误的一项是（　　）。

A. 寒蝉凄切　　寒：秋天的

B. 更那堪、冷落清秋节　　堪：忍受

C. 乍暖还寒时候，最难将息　　将息：将要休息

D. 满地黄花堆积，憔悴损　　憔悴损：枯萎凋谢

2.《声声慢（寻寻觅觅）》一词所写的景物的季节特征是（　　）。

A. 初秋　　B. 深秋　　C. 初春　　D. 暮春

3. 下列诗句诵读时的停顿不恰当的一句是（　　）。

A. 寒蝉/凄切，对长/亭晚，骤雨/初歇

B. 执手/相看/泪眼，竟/无语/凝噎

C. 乍暖/还寒/时候，最难/将息

D. 满地/黄花/堆积，憔悴/损

【拓展训练】

1. 这首词的主旨句是“这次第，怎一个愁字了得”，请概括这“愁”具体包含了哪些内容，作者是怎样抒发这愁情的。

2. 请赏析本词的语言特色。

十、满江红（怒发冲冠）

岳 飞

【知识精粹】

《满江红（怒发冲冠）》，一般认为是宋代抗金将领岳飞的词作。此词上片抒写作者对中原重陷敌手的悲愤，对局势前功尽弃的痛惜，表达了自己继续努力争取壮年立功的心愿；下片抒写作者对敌人的深仇大恨，对祖国统一的殷切希望，对国家朝廷的赤胆忠诚。全词情调激昂，慷慨壮烈，显示出一股浩然正气和英雄气概，表现了作者报国立功的信心和乐观主义精神。

【巩固练习】

一、填空题

1. 这首词分上下阕。上阕抒发作者________________________________，下阕抒发了作者________________________________。

2. 三十功名尘与土，________________________。

3. 莫等闲、______________，______________。

二、选择题

1. 对这首词的语句的解说，不恰当的一项是（　　）。
   A. 开头三句写作者倚栏远眺，在一片风雨凄迷中，作者仿佛看到了中原人民在金兵铁蹄蹂躏下辗转呼号的惨境，以致“怒发冲冠”
   B. “三十功名尘与土，八千里路云和月”两句写自己已三十多岁，建立的一些功业已化为了尘土，只留下当年披星戴月转战千里的回忆
   C. “驾长车”句写自己要驾着战车向敌军猛攻，要把敌人的要塞贺兰山踏成破缺，践为平地
   D. “壮志”句中的“壮志”与“笑谈”是互文，突出地表达了作者对金统治者侵扰罪行的切齿痛恨
2. 对这首词的赏析，不恰当的一项是（　　）。
   A. 这首词音调激越，风格豪迈悲壮，为我们勾画出了一位硬骨铮铮、忧国忧民的英雄形象
   B. 全词分四层抒发了“壮怀”：回顾往昔战斗岁月，激励自己继续奋斗；国耻未雪，臣恨难灭；消灭敌人，收复失地；统一江山，朝拜皇帝
   C. 上阕结尾“莫等闲”句已成为激励人们珍惜青春年华，早当奋发有为的千古箴铭；下阕结句把“朝天阙”当作自己的最高理想，流露出的忠君思想则是不足取的
   D. 这首词语言朴实粗犷，掷地有声，很好地表达了悲愤激越的情感

【拓展训练】

这首诗表达了作者什么样的情感？

十一、卜算子·咏梅

陆　游

【知识精粹】

《卜算子·咏梅》是南宋词人陆游创作的一首词。这是一首咏梅词，上片集中写了梅花的困难处境，下片写梅花的灵魂及生死观。词人以物喻人，托物言志，以清新的情调写出了傲然不屈的梅花，暗喻了自己虽终生坎坷却坚贞不屈，达到了物我融一的境界，笔致细腻，意味深隽，是咏梅词中的绝唱。

【巩固练习】

一、填空题

1. ____________，字务观，号放翁，越州山阴人。他是南宋________________。

2. 这是一首______________，还是一首难得的____________________。

3. 本篇题为咏梅，但并不拘泥于______________________________，而是将____________________，带上强烈的主题色彩。上片写__________________；下片写_______________________。

二、选择题

1. 选出下面对《卜算子·咏梅》赏析有误的一项是（　　）。

A. “驿外断桥边”，交代了梅花生长的地点环境。因处在“驿外”和“断桥边”，虽花开而无人欣赏，更无人栽培，故因“无主”而深感“寂寞”

B. “无意苦争春”，“无意”二字突出表现梅花谦虚博大的胸怀。“一任群芳妒”是写梅花对“群芳”的照顾，更突出了梅花虚怀若谷的品格

C. “零落成泥碾作尘”是写梅花受到环境的摧残，即使成了泥和尘，也是“香如故”，始终保持自己的高洁品质

D. 陆游是南宋爱国词人，主张抗金，但屡遭投降派的打击，所以情绪愤懑抑郁。词中的梅花寂寞凄凉但高洁品格不变，正是诗人自身的写照

2. 陆游一生作诗近万首,而他总结自己的创作经验却只有了了十字:“汝果欲作诗,工夫在诗外。”下列诗句中，不属于陆游的是（　　）。

A. 死去元知万事空，但悲不见九州同

B. 山重水复疑无路，柳暗花明又一村

C. 早岁那知世事艰，中原北望气如山

D. 身无彩凤双飞翼，心有灵犀一点通

【拓展训练】

这首词和毛泽东的《卜算子·咏梅》有哪些相同与不同之处？（分点扼要叙述）

十二、青玉案·元夕

辛弃疾

【知识精粹】

《青玉案·元夕》为宋代词人辛弃疾的作品。此词从渲染元宵节绚丽多彩的热闹场面入手，反衬出一个孤高淡泊、超群拔俗、不同于金翠脂粉的女性形象，寄托着作者政治失意后，不愿与世俗同流合污的孤高品格。全词采用对比手法，上片极写花灯耀眼、乐声盈耳的元夕盛况，下片着意描写主人公在好女如云之中寻觅一位立于灯火零落处的孤高女子，构思精妙，语言精致，含蓄婉转，余味无穷。

【巩固练习】

一、填空题

1.《青玉案》描写的是中国传统节日__________情景。全词用了____的表现手法，上片写____，下片写____，表达了作者______________________________。

2. 词作中，作者用__________来反衬“那人”的__________，刻画了一个_______的女性形象。“众里寻他千百度，蓦然回首，那人却在，灯火阑珊处。”这几句表达了词人__________的感情，后人赋予它许多新的内涵，请你举出一例：____。

3. 这首词的“青玉案”是______________；“元夕”是正月十五日，也是这首词的______________。

4. ____________描绘五光十色的彩灯缀满街巷，好像一夜之间被春风吹开的千树繁花一样。这是化用唐朝诗人岑参的____________________，__________________。

5. 清代作家________的作品《__________》里的元宵节，比春节更隆重，小到英莲走失，大到元春省亲，平民灶火也好，贵族家庆也罢，让我们品出了这个传统节日的许多习俗的文化内涵。

6. 元宵节是正月里一个重要节日，当天往往举行闹花灯、猜灯谜等活动。猜中灯谜，既彰显了自己的智慧，又平添了节日的快乐。请你猜猜以下灯谜，把答案写在横线上。

谜题：赤兔马，走千里。（打一元代剧作家）　　谜底：_______________

谜题：宫中府中，俱为一体；陟罚臧否，不宜异同。
（打社会主义核心价值观中的一个词语）　　谜底：________
谜题：十五的月亮悬庭前。（打一北京历史文化遗迹）　　谜底：________

二、选择题

1. 下列理解正确的一项是（　　）。
   A. 词的上片描写了元旦之夜的盛况
   B. “更吹落，星如雨”写了满天的星星被风吹落，像雨一般纷纷洒下
   C. “蛾儿雪柳黄金缕，笑语盈盈暗香去”表达了词人对满城观灯仕女的爱慕之情
   D. 词人以“那人却在，灯火阑珊处”抒发了自甘淡漠、不与世俗同流合污的高洁品质
2. 下边括号中对《青玉案·元夕》一词使用的修辞方法的解析有误的一项是（　　）。
   A. 东风夜放花千树，更吹落，星如雨（借喻）
   B. 宝马雕车香满路。风箫声动，玉壶光转，一夜鱼龙舞（借代）
   C. 蛾儿雪柳黄金缕，笑语盈盈暗香去（借喻）
   D. 众里寻他千百度。蓦然回首，那人却在，灯火阑珊处（夸张）

【拓展训练】

1.《青玉案·元夕》上片描绘了怎样的画面？请具体描述。

2. 王国维《人间词话》：古今成大事业、大学问者，必经过三种境界。“独上高楼，望尽天涯路。”此第一境界；“衣带渐宽终不悔，为伊消得人憔悴。”此第二境也；“众里寻他千百度，蓦然回首，那人却在，灯火阑珊处。”此第三境也。请你结合自己的学习生活，谈谈如何达到第三境界。

第五节　元明清

一、天净沙·秋思

马致远

【知识精粹】

《天净沙·秋思》是元曲作家马致远创作的小令，是一首著名的散曲作品。此曲以多种景物并置，组合成一幅秋郊夕照图，让天涯游子骑一匹瘦马出现在一派凄凉的背景中，透出哀愁的情调，它抒发了一个飘零天涯的游子在秋天思念故乡、倦于漂泊的凄苦愁楚之情。这支小令句法别致，前三句全由名词性词组构成，一共列出九种景物，言简而意丰。全曲仅五句二十八字，语言极为凝练却容量巨大，意蕴深远，结构精巧，顿挫有致，被后人誉为“秋思之祖”。

【巩固练习】

一、填空题

1.《天净沙·秋思》是一首散曲中的______。天净沙是______，秋思是散曲的______。

2.《天净沙·秋思》作者______，是______代著名______作家、______家。他与______、______、______被称为“杂剧四大家”。他的《天净沙·秋思》被称为“__________”。

3. 全曲中，暗含题中“秋”字的三个最直接的景象是________、__________、________，与“夕阳”相呼应的是________，与“天涯”相呼应的是________，最能触发旅人（游子）思乡之情的景物是__________。体现“思”字的一句是____________________。

二、选择题

1. 对这首曲的赏析，不恰当的一项是（　　）。

A. 这首曲的题目叫“秋思”，“秋思”的意思是“秋天的思考”

B. “枯藤”句中的“枯藤”“老树”是最有特征性的秋景，给人以萧条、寂寞、悲凉的感觉

C. “小桥”一句读来令人亲切，可仔细想去，却更增添了“断肠人”的愁绪

D. “断肠人”句中的“断肠人”是一位“离人”，“天涯”即“极远的地方”

2. 对这首曲的赏析，不恰当的一项是（　　）。

A. 前三句十八个字，写了九种景物，有静有动、有声有色，而加在名词前的定语则体现了诗人对那些景物的独特感受

B. 这首小令，写景由近到远，感情抒发由浅入深，开头一句“枯藤老树昏鸦”是诗眼

C. 这是一幅秋景图，又是一幅绝妙的秋思图。图中有景有人，人和景都是经过作者精心选择的，最能表现“秋思”

D. 这首小令用极有限的字句，塑造了极丰富的意象；人与物结合，情与景交融，有一种动人心魄的力量

3. 对这首曲的赏析不正确的一项是（　　）。

A. 此曲的前三句选取了富有特征的九种事物组成了一幅深秋的景色图

B. 第二句描写诗人所见异乡的幽美、恬静的景象，越发使人感到孤独

C. 从整个构图来看，前四句写景，末一句写人。景物是背景，人是主体。写景是为了烘托人

D. 从此曲的题目来看，作者所要表达的是对秋的伤感，而并无思乡之情

【拓展训练】

简述这首小令表情达意的方法。

二、山坡羊·潼关怀古

张养浩

【知识精粹】

《山坡羊·潼关怀古》是元曲作家张养浩的散曲作品。这是他赴陕西救灾途经潼关所作的一首散曲。此曲抚今追昔，从历代王朝的兴衰更替，想到人民的苦难，一针见血地点出了封建统治与人民的对立，表现了作者对历史的思索和对人民的同情。这种同情与关怀的出发点是儒家经世济民的思想，在传统的五七言诗歌中本为常见，但在元代散曲中却是少有。全曲采用的是层层深入的方式，由写景而怀古，再引发议论，将苍茫的景色、深沉的情感和精辟的议论三者完美结合，具有强烈的感染力，字里行间充满着历史的沧桑感和时代感，既有怀古诗的特色，又有与众不同的沉郁风格。

【巩固练习】

一、填空题

1.“山坡羊”是______________。中国古代文学发展到元朝时，出现了一种新的体裁_________。它大致分为两种：一种是______，另一种是_______。

2. 散曲没有动作、说白，便于清唱。包括_________和_________。________由若干曲子组成，__________以一支曲子为独立单位。

3. _______________，______________，山河表里潼关路。

4. ________，百姓苦；_________，______________。

二、选择题

1. 对张养浩《山坡羊·潼关怀古》理解分析不正确的一项是（　　）。

A. 这是一首元代散曲，“山坡羊”是曲牌名，“潼关怀古”是曲的标题

B.“山河表里潼关路”勾画出潼关外有黄河，内有华山，山河雄伟，地势险要的特点

C. 曲中的“聚”字赋予静止的峰峦以动感，“怒”字则生动地表现出波涛汹涌的情态

D. 作者在曲中表达出深深的伤感悲愤之情，他伤感悲愤的最主要原因是“宫阙万间都做了土”

【拓展训练】

1. 请赏析“峰峦如聚”一句中“聚”字的妙处。

2. 联系全文，说说作者为什么而“伤心”。

3. 如何理解“兴，百姓苦；亡，百姓苦”？

第二章 “名曲百首赏析”选讲

一、十面埋伏

【知识精粹】

《十面埋伏》展现的是公元前202年楚汉双方垓下决战的情景，刘邦的汉军十面埋伏击败楚军，项羽自刎于乌江，最终刘邦得胜而归。《十面埋伏》是一首传统大套琵琶武曲，从头到尾一共十三段，依次按故事情节发展来陈述，类似于我国传统戏曲及章回小说的叙述特点。

【巩固练习】

一、选择题

1.《十面埋伏》是一首传统大套（　　）武曲。

A. 钢琴　B. 大提琴　C. 琵琶　D. 管乐

2.《十面埋伏》全曲从头到尾一共（　　）段。

A. 十三　B. 十四　C. 十五　D. 十六

3.《十面埋伏》是一首历史题材的大型琵琶曲，它是中国（　　）之一。

A. 十大古曲　B. 八大古曲　C. 四大古曲　D. 三大古曲

4.《十面埋伏》全曲分十三个段落，按标题可归（　　）个部分。

A. 三　B. 四　C. 五　D. 六

5.《十面埋伏》是一首（　　）乐曲

A. 独奏　B. 二重奏　C. 三重奏　D. 合奏

二、填空题

1.《十面埋伏》描写公元前202年____________垓下决战的情景。

2. 传统琵琶曲《十面埋伏》又名____________。

3. 《十面埋伏》现存乐谱最早见于1818年____编的______。

4.《十面埋伏》是一首______大曲。

【拓展训练】

试分析高潮部分的曲式结构。

二、百鸟朝凤

【知识精粹】

《百鸟朝凤》是我国汉族民间唢呐音乐中的代表性曲目之一，主要流行于山东、安徽、河南、河北等地，在各地有不同版本。乐曲以丰富的想象力和娴熟的技巧模拟百鸟合鸣之声，情绪欢快热烈，表现了一派生气勃勃的景象。乐曲以热情欢快的旋律唤起人们对大自然的热爱、对劳动生活的回忆。乐曲中我们仿佛听到布谷鸟、鹧鸪、燕子、蓝雀、画眉、百灵等鸟儿的叫声，好像还有公鸡的啼鸣，表现了黑夜消逝和朝阳升起的生动意境。

【巩固练习】

一、选择题

1.《百鸟朝凤》所用的乐器是（　　）。

A. 唢呐　　B. 长号　　C. 黑管　　D. 萨克斯

2.《百鸟朝凤》是一首著名的（　　）民间乐曲。

A. 回族　　B. 藏族　　C. 汉族　　D. 壮族

3.《百鸟朝凤》不曾在下列哪个地域流行（　　）。

A. 甘肃　　B. 山东　　C. 安徽　　D. 河北

4.《百鸟朝凤》表达的情绪是（　　）。

A. 欢快　　B. 忧伤　　C. 愤怒　　D. 悲伤

二、填空题

1. 音乐以丰富的想象力和娴熟的技巧模拟__________之声。

2. 乐曲以热情欢快的旋律唤起人们对_______的热爱、对劳动生活的回忆。

3. 乐曲流行区域很广，在______________________ 等地都有不同版本。

4. 乐曲中我们仿佛听到布谷鸟、鹧鸪、燕子、蓝雀、画眉、百灵等鸟儿的叫声，好像还有公鸡的啼鸣，表现了_________________和朝阳升起的生动意境。

【拓展训练】

简述“百鸟朝凤”的故事。

三、二泉映月

【知识精粹】

《二泉映月》，二胡名曲，是中国民间音乐家华彦钧（阿炳）的代表作。作品于20世纪50年代初由音乐家杨荫浏先生根据阿炳的演奏，录音记谱整理，灌制成唱片后很快风靡全国。这首乐曲自始至终流露出一位饱尝人间辛酸和痛苦的盲艺人的思绪情感，主体部分是一段非常个性化的主题旋律及对它的五次变奏。《二泉映月》不仅在描摹景物，更是在叙述一个历经辛酸的音乐家的精神世界以及他内心深处的人生感悟。作品展示了独特的民间演奏技巧与风格以及无与伦比的深邃意境，显示了中国二胡艺术的独特魅力，拓宽了二胡艺术的表现力，曾获"20世纪华人音乐经典作品奖"。

【巩固练习】

一、选择题

1.《二泉映月》，二胡名曲，是中国民间音乐家（　　）的代表作。

A. 田汉　　B. 杨荫浏　　C. 华彦钧（阿炳）　　D. 冼星海

2. 主体部分是一段非常个性化的主题旋律及对它的（　　）次变奏。

A. 六　　B. 五　　C. 四　　D. 三

3.《二泉映月》是一首用（　　）演奏的乐曲？

A. 马头琴　　B. 手风琴　　C. 大提琴　　D. 二胡

4.《二泉映月》主要得名于江苏无锡惠山下的泉水，世称（　　）。

A. 天下第一泉　　B. 天下第二泉

C. 天下第三泉　　D. 天下第四泉

二、填空题

1.《二泉映月》展示了独特的民间演奏技巧与风格，以及无与伦比的深邃意境，显示了中国________艺术的独特魅力，它拓宽了________________艺术的表现力，曾获____________。

2.《二泉映月》是中国民间音乐家___________的代表作。

3.《二泉映月》不仅在描摹景物，更是在叙述一个历经辛酸的音乐家的_______，以及他内心深处的_____________。

4.《二泉映月》展示了中国民乐__________的独特魅力。

【拓展训练】

分析全曲曲式演奏特色，并简述作品创作背景。

四、步步高

【知识精粹】

《步步高》是广东音乐名家吕文成的代表作，是一首颇有特色的广东民乐。《步步高》使用广东音乐的特色乐器高胡作为主奏，将音乐轮廓和性格用明亮的音色勾勒出来。曲子开头短短三个音节之后，便突然上跳八度，非常迅速地形成一种昂扬的情绪。

【巩固练习】

一、选择题

1.《步步高》是一首（　　）民乐。

A. 广东　　B. 广西　　C. 四川　　D. 河北

2.《步步高》使用广东音乐的特色乐器（　　）作为主奏。

A. 贝斯　　B. 马头琴　　C. 二胡　　D. 高胡

3. 曲子开头短短三个音节之后，便突然上跳八度，非常迅速地形成一种（　　）的情绪。

A. 低落　　B. 昂扬　　C. 失落　　D. 悲伤

4.《步步高》是音乐名家（　　）的代表作。

A. 刘天一　　B. 温志刚　　C. 吕文成　　D. 胡静

二、填空题

1. 乐谱出自 1938 年沈允升著的____________，在当时已很流行。

2.《步步高》曲如其名，旋律轻快激昂，层层递增，节奏明快，音浪叠起叠落，一张一弛，音乐富有动感，给人以__________的积极意义。

【拓展训练】

1. 简述作者生平。

2. 分析曲调结构。

五、嘎达梅林

【知识精粹】

《嘎达梅林》是一部恢宏的交响诗，它是女作曲家辛沪光 1956 年在中央音乐学院时的毕业作品，也是她的成名作。作品描写并歌颂了蒙古族英雄嘎达梅林率领牧民起义，与当时残酷的封建势力英勇战斗的事迹。

【巩固练习】

一、选择题

1.《嘎达梅林》是一部恢弘的（　　）。

A. 交响乐　　B. 交响诗　　C. 弦乐　　D. 合唱

2.《嘎达梅林》是女作曲家（　　）1956 年在中央音乐学院时的毕业作品，也是她的成名作。

A. 谷建芬　　B. 肖友梅　　C. 辛沪光　　D. 朱践耳

3.《嘎达梅林》描写并歌颂了（　　）族英雄嘎达梅林率领牧民起义的英雄事迹。

A. 蒙古　　B. 壮　　C. 朝鲜　　D. 维吾尔

4.《嘎达梅林》描写了主人公与当时残酷的（　　）英勇战斗的事迹。

A. 封建势力　　B. 资本主义　　C. 官僚主义　　D. 顽固势力

二、填空题

1. 作品以悠长而富有_________风格的主题展开，不但有_________的描写，也有_______的激战，更有对英雄致意的悲歌与颂赞，无疑是中国交响音乐的又一杰作。

2. 音乐向人们讲述了________带领人民反抗压迫斗争的全过程。

3. 交响诗《嘎达梅林》是单乐章的________结构，由呈示部、展开部、再现部三部分组成。

4. _________奏出了第一主题，宽广而灿烂，意味着人民斗争取得了一定的胜利。__________________下行伴奏又预示反动势力的镇压，定音鼓和钹猛烈敲击，整个乐队的一个长音和最后一声悲壮的锣声，蒙古族英雄嘎达梅林在沉重的大锣声中缓缓地倒在了草原母亲的怀里。

【拓展训练】

试分析本曲的创作背景跟曲调节奏。

六、梁祝

【知识精粹】

《梁祝》创作于 1959 年，何占豪与陈刚为了探索交响音乐的民族化，选择了梁山伯与祝英台的民间传说作为题材，吸取大量越剧的曲调，成功地创作了这部广受好评的小提琴协奏曲。

【巩固练习】

一、选择题

1.《梁祝》以（　　）为题材。

A. 神话传说　　B. 上古传说　　C. 民间传说　　D. 真实故事

2.《梁祝》是一首（　　）协奏曲。

A. 大提琴　　B. 二胡　　C. 竖琴　　D. 小提琴

3. 首演《梁祝》的是当年仅仅 18 岁的（　　）。

A. 嘉莉娜·巴莉诺娃　　B. 俞丽拿

C. 吉娜特·内弗　　D. 埃达·亨德尔

4.《梁祝》以（　　）越剧唱腔为素材。

A. 江苏　　B. 浙江　　C. 上海　　D. 广东

5.《梁祝》的发行量多达一百多万张，并夺得了中国（　　）金唱片奖。

A. 第一届　　B. 第二届　　C. 第三届　　D. 第四届

二、填空题

1.《梁祝》创作于 1959 年，何占豪与陈刚为了探索交响音乐的民族化，吸取了大量的_____曲调。

2.《梁祝》借助西洋乐表达 _____，充分体现了洋为中用的可行性。

3. 这部经典的交响乐，在民族化、大众化方面做了大胆的尝试，被称为______。

4. 该曲成为中国现代民族化______形式中影响最为深远的一首作品。

5.《梁祝》是一首_____主题曲。

【拓展训练】

赏析《梁祝》的音乐特点、曲式结构。

七、c 小调第五交响曲

【知识精粹】

《c 小调第五交响曲》作品 67 号，又被称作《命运交响曲》，是贝多芬最为著名的作品之一，可谓交响曲之冠。乐曲体现了作者对美好生活的向往，与命运的搏斗，对光明的渴望。

【巩固练习】

一、选择题

1.《c 小调第五交响曲》作品 67 号，又被称作（　　）。

A.《命运交响曲》　　B.《命运狂响曲》

C.《生命交响曲》　　D.《生命狂响曲》

2.《c 小调第五交响曲》的作者是（　　）。

A. 莫扎特　　B. 肖邦　　C. 贝多芬　　D. 海顿

3. 全曲共分（　　）个乐章。

A. 三　　B. 四　　C. 五　　D. 六

4. 第一乐章，灿烂的快板，c 小调，（　　）拍子。

A. 1/4　　B. 2/4　　C. 3/4　　D. 4/4

5. 第三乐章，快板，c 小调，（　　）拍子。

A. 1/4　　B. 2/4　　C. 3/4　　D. 4/4

二、填空题

1. 乐曲体现了贝多芬对________的向往，与命运的搏斗，对_____的渴望。

2. 贝多芬在交响曲第一乐章的开头，便写下一句引人深思的警语：____。

3. 第四乐章，快板，C 大调，4/4 拍子，______曲式。

4. 第二乐章，稍快的行板，降 A 大调，3/8 拍子，______变奏曲。

【拓展训练】

1. 简述贝多芬《c 小调第五交响曲》(《命运交响曲》) 的风格特征、表现内容及主要审美特点。

2. 谈谈当代学生应该如何面对今后人生路上的坎坷与困难、收获与成功。

八、幻想交响曲

【知识精粹】

柏辽兹是标题交响曲的创始人和现代交响乐配器法的奠基人。他创作的《幻想交响曲》是音乐史上第一部有明确标题创作意图的交响曲。乐曲从失恋这样一个侧面，反映了当时欧洲一些艺术家在生活逆境中的苦闷情绪。

【巩固练习】

一、选择题

1.《幻想交响曲》是音乐史上（　　）有明确标题创作意图的交响曲。

A. 第一部　　B. 第二部　　C. 第三部　　D. 第四部

2. 标题交响曲的创始人和现代交响乐配器法的奠基人是（　　）。

A. 贝多芬　　B. 莫扎特　　C. 舒伯特　　D. 柏辽兹

3.《幻想交响曲》以充满想象力的管弦语法，为音乐的浪漫主义开启了决定性的大门，他的作者是（　　）人。

A. 英国　　B. 美国　　C. 法国　　D. 德国

4. 全曲共分为（　　）个乐章。

A. 五　　B. 四　　C. 三　　D. 二

5. 第一乐章的标题是（　　）。

A. “魔鬼的晚会之梦——魔女的回旋曲”　　B. “梦、热情”

C. 舞会　　D. 原野风光

二、填空题

1. 乐曲从失恋这样一个侧面，反映了当时欧洲一些艺术家在生活逆境中的_____。

2. 第一乐章形式上是拥有极长的最缓板序奏的_______。

3. 与众不同的交响曲、充满戏剧性张力的器乐合奏，以及____________十足的______ 等创作，让柏辽兹成为浪漫主义的先锋导火线、管弦乐形式的独创者。

4. 卡拉扬录音《幻想交响曲》问世只比贝多芬的____________晚了六年。

5.《幻想交响曲》把守交响曲进入__________的第一个关口。

【拓展训练】

什么是交响曲？

九、我的祖国

【知识精粹】

交响诗套曲《我的祖国》共分六个乐章，创作于 1874—1879 年，此时的斯美塔那已经丧失了听力，他是用心在创作这部作品。作品中充满了爱国的热情，乐曲结构宏伟绚丽，音乐形象富有诗意。交响诗套曲是一种单乐章的具有描写性、叙事性、抒情性的管弦乐体裁，由匈牙利作曲家李斯特首创。其内容常取材于文学、诗歌、戏剧、绘画及历史故事、民间传说等，属于标题音乐范畴。根据表现内容，交响诗又可以称为“音诗”“音画”。另如“交响童话”“交响素描”等，都与交响诗性质接近。

【巩固练习】

一、选择题

1. 套曲《我的祖国》是一首（　　）。

A. 交响曲　　B. 交响诗　　C. 狂想曲　　D. 狂想诗

2. 套曲《我的祖国》共（　　）乐章。

A. 四　　B. 五　　C. 六　　D. 七

3. 交响诗套曲是一种单乐章的具有描写性、叙事性、抒情性的（　　）体裁，由匈牙利作曲家李斯特首创。

A. 交响乐　　B. 电音　　C. 管弦乐　　D. 打击乐

4. 交响诗套曲内容常取材于文学、诗歌、戏剧、绘画及历史故事、民间传说等，属于（　　）范畴。

A. 主题音乐　　B. 标题音乐　　C. 题材音乐　　D. 分段音乐

5. 交响诗套曲根据表现内容，又可以被称为“（　　）”“音画”。

A. 音图　　B. 音歌　　C. 音诗　　D. 音韵

二、填空题

1. 交响诗是一种__________的具有描写或叙事性、抒情性或戏剧性质的标题管弦乐曲，它的前身是音乐会序曲。

2. 交响诗创始于____________________，创始者是匈牙利作曲家李斯特。

3. 套曲是包括若干乐曲或乐章的成套_________或声乐曲，其中包含主题的内在联系和连贯发展的关系。

4. 交响诗在构思上，或体现一个____________，或体现一种诗的意境，或和一定的文学题材相联系。

5. 李斯特所作十三首交响诗以诗歌、戏剧、绘画以及历史事迹等为题材，广泛采用主题变形的手法，塑造出特定标题内容的艺术形象。通常多采用单乐章的_____，结构较自由。

【拓展训练】

分析交响诗音乐。

十、蓝色多瑙河

【知识精粹】

《蓝色多瑙河》是小约翰·施特劳斯最负盛名的圆舞曲作品，被誉为“奥地利第二国歌”。这首不朽名曲创作于1867年，当时正值普奥战争期间，为了能使笼罩在沉闷气氛中的市民振作起来，约翰·施特劳斯应维也纳男声合唱协会指挥赫尔里格的邀请创作了这首合唱歌曲。

【巩固练习】

一、选择题

1.《蓝色多瑙河》是小约翰·施特劳斯最负盛名的（　　）作品。

A. 舞曲　　B. 圆舞曲　　C. 爵士　　D. 恰恰

2.《蓝色多瑙河》被誉为“(　　)第二国歌”。

A. 比利时　　B. 奥地利　　C. 冰岛　　D. 捷克

3. 这首不朽名曲创作于 1867 年，当时正值（　　）战争期间。

A. 英法　　B. 英美　　C. 普法　　D. 普奥

4. 为了能使笼罩在沉闷气氛中的市民振作起来，约翰·施特劳斯应维也纳男声合唱协会指挥赫尔里格的邀请创作了这首（　　）。

A. 合唱歌曲　　B. 独唱歌曲

C. 二重唱歌曲　　D. 无伴奏唱歌曲

5. 圆舞曲用字母（　　）表示。

A. Q　　B. W　　C. E　　D. R

二、填空题

1. 华尔兹（Waltz），又称______，一种自娱舞蹈形式，是舞厅舞中最早的也是生命力非常强的自娱舞形式。

2. 华尔兹根据舞蹈速度分化为快慢两种之后，人们把快华尔兹称为 _________，而不冠以“维也纳”三字的即__________，它是由维也纳华尔兹演变而来的。

3. 华尔兹也称_________，摩登舞项目之一。

4. 快慢两种华尔兹都以_______为主，因而有“圆舞”之称。

5. 华尔兹一词，据考证是大约在 1780 年前后出现的，而三拍子“蓬嚓嚓”节奏的圆舞则很早之前就流行于_________。

【拓展训练】

试阐述“圆舞”华尔兹的舞台风格。

十一、少女的祈祷

【知识精粹】

《少女的祈祷》由波兰女钢琴家巴达捷芙斯卡（1838—1861）创作于 1856 年，是举世闻名的钢琴小品。它结构单纯，浅显淳朴，亲切感人，虽略带伤感，但又异常柔美，逼真地表现了一个纯洁少女的美好心愿。

俄国作家契诃夫十分欣赏这首小品，在创作剧本《三姐妹》时，曾注明将此曲用于第四幕。乐曲采用主题与变奏的曲式结构，降 E 大调，4/4 拍子，行板。简短音阶下行接两个琶音引子后，便是由分解和弦的上行音调和轻捷的下行音调组成的主题。其波浪式的旋律线和上下行的音型，具有柔和的回旋感，表现了天真无邪的少女的遐思和幻想。这首钢琴曲纯洁、亲切、温婉，充满了青春的活力。八个小节的主题重复一遍后开始三次变奏，仿佛预示着少女丰富的感情变化。其委婉的旋律表现了发自内心深处的真诚，仿佛是少女对美好幻想的期盼，深受钢琴初学者的喜爱。

【巩固练习】

一、选择题

1.《少女的祈祷》的作者巴达捷芙斯卡是一位（　　）少女。

A. 英国　　B. 波兰　　C. 荷兰　　D. 芬兰

2. 乐曲以一组下行音起首，随后用（　　）和弦做终止，引出温婉而幽丽的主题。

A. 两个　　B. 三个　　C. 四个　　D. 五个

3.《少女的祈祷》的作者巴达捷芙斯卡是一位（　　）。

A. 小提琴家　　B. 大提琴家　　C. 钢琴家　　D. 手风琴家

4. 乐曲采用主题与变奏的曲式结构，降 E 大调，（　　）拍子，行板。

A. 4/4　　B. 3/4　　C. 2/4　　D. 1/4

5. 八个小节的主题重复一遍后开始了（　　）次变奏，仿佛预示着少女丰富的感情变化。

A. 三　　B. 四　　C. 五　　D. 六

二、填空题

1. 俄国作家__________十分欣赏《少女的祈祷》这首小品，在创作剧本《三姐妹》时，曾注明将此曲用于第四幕。

2.《少女的祈祷》曲中跌宕起伏的音高带来了不同的__________和不一样的意境体验。

3. 乐曲的第三个变奏是________的交叉弹奏，其低沉的八度和弦声就像是少女心里发出的一声声叹息，令人遐思而难忘，整首曲子的感情在这一段的变奏中由高昂欢快转变成深切低沉。

【拓展训练】

赏析作品风格。

十二、卡门

【知识精粹】

《卡门》是法国现实主义作家梅里美创作的短篇小说。比捷在 1874 年完成了以《卡门》小说为原型的同名四幕歌剧，一年后首演于巴黎。剧中交替出现各种进行曲、咏叹调、合唱等乐段，以及西班牙风情的舞蹈，各部分通过戏剧表演紧凑地融为一体，成功营造出各种场景及主人公卡门热情奔放、神秘且极具魅力的形象。

【巩固练习】

一、选择题

1.《卡门》是法国现实主义作家梅里美创作的（　　）。

A. 短篇小说　　B. 长篇小说　　C. 诗歌　　D. 散文

2. 比捷在 1874 年完成了以《卡门》原著为原型的同名（　　），一年后首演于巴黎。

A. 一幕歌剧　　B. 二幕歌剧　　C. 三幕歌剧　　D. 四幕歌剧

3. 歌剧的序曲为（　　），回旋曲式。

A. A 大调　　B. B 小调　　C. C 大调　　D. D 小调

4. 歌剧《卡门》是法国作曲家比捷的（　　）歌剧，完成于 1874 年秋。

A. 第一部　　B. 第二部　　C. 第三部　　D. 最后一部

二、填空题

1. 剧中交替出现各种__________、___________、__________等乐段以及西班牙风情的舞蹈，各部分通过戏剧表演紧凑地融为一体。

2. 作品成功营造出各种场景及主人公卡门______________、神秘且极具魅力的形象。

3. 也许正因为作者的刻意创新，本剧在初演时并不为观众接受，但随着时间的推移，这部作品的__________逐渐得到人们的认可，此后变得长盛不衰。

4. 主人公卡门的著名咏叹调_________________是十分深入人心的旋律，充分表现出卡门豪爽、奔放而富有神秘魅力的形象。

5. 第一幕与第二幕之间的间奏曲也十分有名，选自第二幕中唐·豪塞的咏叹调《阿尔卡拉龙骑兵》，大管以 ___________________奏出洒脱而富有活力的主旋律。

【拓展训练】

试阐述歌曲故事情节。

十三、茉莉花

【知识精粹】

《茉莉花》是一首产生于明末清初、流传于我国各个地区的小调歌曲，距今约有三百多年的历史。最早的时候叫《鲜花调》，由于第一句是个重叠句，所以又称为《双叠翠》或《双叠词》。18 世纪下半叶传到西方，被意大利作曲家普契尼用于歌剧《图兰朵》中作为公主的主题曲。此歌最早收入由贮香主人编辑的《小慧集》中。《茉莉花》曾在 1768 年被英国作曲家卢梭收入他所编的《音乐辞典》中，此曲还流传到日本、朝鲜、美国等国家，成为中国民歌的代表作品之一。《茉莉花》的曲调婉转、流畅、细腻、柔美、淳朴。曲式是由四个乐句构成单部曲式；调式为徵调式。

现代版的《茉莉花》是作曲家何仿在 20 世纪 50 年代根据江苏民歌《茉莉花》改编创作的，是目前流传最广的《茉莉花》。歌词描述了一位姑娘想摘茉莉花，又担心受责骂、被人取笑，又怕伤了茉莉花等心理活动，表现了一个天真可爱纯洁美好的形象，生动而又含蓄地表达了人们对真、善、美的向往和追求。

【巩固练习】

一、填空题

1.《茉莉花》是一首典型的民间小调，早在_______就开始流传。

2. 在清代开始流传的民间小调《茉莉花》，范围遍及_______________地区。

3.《茉莉花》曲调 __________________ ，风格清新雅致。

4. 全曲共有四句，形成“__________________________”的结构。

5.《茉莉花》是流传于我国各个地区的小调歌曲，距今约有三百多年的历史。最早的时候叫《_________》。

二、选择题

1.《茉莉花》的曲调婉转、流畅、细腻、柔美、淳朴。曲式是由四个乐句构成单部曲式；调式为（　　）。

A. 宫调式　　B. 蜀调式　　C. 徵调式　　D. 粤调式

2. 我们现在听到的《茉莉花》是作曲家（　　）在 20 世纪 50 年代根据江苏民歌《茉莉花》改编创作的，是目前流传最广的《茉莉花》。

A. 冼星海　　B. 聂耳　　C. 宋祖英　　D. 何仿

3. 江苏民歌《茉莉花》，18 世纪下半叶传到西方，被意大利作曲家普契尼用于歌剧《　　》中作为公主的主题曲。

A. 图兰朵　　B. 奥赛罗　　C. 哈姆雷特　　D. 李尔王

4. 歌词描述了一位姑娘想摘茉莉花，又担心受责骂、被人取笑，又怕伤了茉莉花等心理活动，表现了一个天真可爱纯洁美好的形象，生动而又含蓄地表达了人们对（　　）的向往和追求。

A. 爱情　　　　B. 真、善、美

C. 理想　　　　D. 美好生活

5.《茉莉花》曾在（　　）年被英国作曲家卢梭收入他所编的《音乐辞典》中，此曲还流传到日本、朝鲜、美国等国家，成为中国民歌的代表作品之一。

A. 1768　　B. 1766　　C. 1788　　D. 1769

【拓展训练】

试分析江苏民歌与东北民歌的不同。

十四、凤阳花鼓

【知识精粹】

凤阳花鼓又称“花鼓小锣”“双条鼓”，是凤阳传统的民间艺术。凤阳花鼓最初的表现形式为姑嫂二人，一人击鼓，一人敲锣，口唱小调，花鼓小锣作为伴奏乐器穿插其间。花鼓小巧玲珑，鼓面直径三寸左右，鼓条为两根一点五尺左右的细竹竿。表演者单手执鼓，另一只手执鼓条敲击鼓面，“双条鼓”由此得名。

凤阳花鼓是一种集曲艺和歌舞为一体的民间表演艺术，但以曲艺形态的说唱表演最为重要和著名，一般认为形成于明代。凤阳花鼓主要分布于凤阳县燃灯、小溪河等乡镇一带。其曲艺形态的表演形式是由一人或二人自击小鼓和小锣伴奏，边舞边歌。历史上艺人多以此为出门乞讨的手段，凤阳花鼓因此而传遍大江南北。清康熙、乾隆年间，许多文人的诗文记录了凤阳花鼓表演时载歌载舞的热闹场面。清中期以后，舞蹈因素逐渐从民间的凤阳花鼓中淡出，仅剩下唱曲部分，分为“坐唱”和“唱门头”两种形式。

【巩固练习】

一、填空题

1.《凤阳花鼓》是流传于________的一种民间表演艺术。

2. 集曲艺和歌舞为一体的民间表演艺术凤阳花鼓，一般认为形成于____________（时代）。

3. 歌曲分两个部分：前一部分根据____________，直接指出了明王朝统治下的饥荒景况，后部分叙述了人民的悲惨生活。

4. ____________，凤阳花鼓被列入第一批国家非物质文化遗产名录。

二、选择题

1.（　　）又称“花鼓小锣”“双条鼓”，是凤阳传统的民间艺术。

A. 陕北民歌　　B. 凤阳花鼓

C. 安塞腰鼓　　D. 京韵大鼓

2. 凤阳花鼓是一种集曲艺和歌舞为一体的民间表演艺术，但以曲艺形态的（　　）最为重要和著名，一般认为形成于明代。

A. 说唱表演　　B. 花鼓演奏

C. 歌曲演奏　　C. 舞蹈演奏

3. 凤阳花鼓主要分布于（　　）燃灯、小溪河等乡镇一带。

A. 安阳　　B. 延安

C. 成都　　D. 凤阳

【拓展训练】

简析凤阳花鼓的艺术表达特色。

十五、送别

【知识精粹】

《送别》是一首由李叔同作词的中文歌曲，历经几十年传唱不衰，成为经典名曲。

李叔同，浙江平湖人，清光绪六年（1880 年）阴历九月二十生于天津，法名演音，号弘一，晚号晚晴老人。他是中国新文化运动的前驱，卓越的艺术家、教育家、思想家、革新家，是中国传统文化与佛教文化相结合的优秀代表，不仅是中国近现代佛教史上杰出的高僧，而且是国际上声誉甚高的知名人士。他是“二十文章惊海内”的大师，集诗词、书画、篆刻、音乐、戏剧、文学等艺术才华于一身，并在多个领域，开中华灿烂文化艺术之先河。20 世纪 20 年代到 40 年代，《送别》作为在新式学堂中教授的学堂乐歌，广为传唱，受到大众的喜爱；70 年代到 80 年代，《送别》作为插曲或主题曲分别出现在电影《早春二月》和《城南旧事》中，更使其脍炙人口，传唱不息。

《送别》这首歌的歌名常被误作为“骊歌”，虽然《送别》是一首骊歌，但“骊歌”并不是它的歌曲名字。

【巩固练习】

一、选择题

1.《送别》是李叔同在留日期间，选取当时流行的日本歌曲《___________》填词而成的。

A. 骊歌　　B. 长亭送别　　C. 旅愁　　D. 故乡

2.《送别》的长盛不衰，在于它的（　　），而人们对它的钟爱似乎也有一种自发的动力。

A. 作者　　B. 歌词　　C. 内在艺术生命力　　D. 编曲

3.《送别》的歌词类似中国诗词中的（　　），有古典诗词的文雅，但意思却能平白易懂，整个中文歌词与曲调结合得十分完美。

A. 长短句　　B. 曲子词　　C. 元曲　　D. 宋词

二、填空题

1.《送别》的曲作者是____国作曲家________，中国留学生_______填词。

2.《送别》流传至今，广为传唱，它表达了___________的情感。

3.《送别》的歌词类似中国诗词中的________。

【拓展训练】

1. 简述中国现代音乐简史。

2. 试复述《送别》歌词。

十六、祝酒歌

【知识精粹】

历史终于翻开了一九七六年的十月六号，这一天举国上下一片欢腾。当听到“四人帮”被粉碎后，从南到北，从上到下，各行各业的群众敲响锣鼓，扭起秧歌，情不自禁地去游行，去狂欢。各单位食堂都不约而同地备下喜宴美酒，形成“八亿神州举金杯”的感人场面。滴酒不沾的施光南在接到韩伟的歌词后，即刻进入一种如醉如痴的创作情境，并在短短几天内将曲谱定稿。在《祝酒歌》中，他选用热情奔放而又富于舞蹈动感的新疆音调为素材，歌曲节奏则使人感受到响彻四方的锣鼓。歌曲的高潮更是别具匠心，既有浓郁的民族特色，又使人热血沸腾、激情澎湃，荡气回肠的旋律让演唱者和听众久久难以忘怀。

【巩固练习】

一、填空题

1.《祝酒歌》是由韩伟填词，______谱曲，李光羲演唱的主旋律歌曲。

2.《祝酒歌》创作于__________________，是一首划时代的作品。

3. 这首划时代的作品，宣告了_________的结束，唱响历史的新纪元。

4.《祝酒歌》表达了亿万群众欢庆胜利的__________心情。

5. 歌曲创作于_______________，这一天举国上下一片欢腾，庆祝“四人帮”被粉碎。

二、选择题

1. 在《祝酒歌》中，作曲者施光南选用了热情奔放并且又富于舞蹈动感的（　　）为素材。

A. 蒙古音调　　B. 西藏音调　　C. 江南音调　　D. 新疆音调

2.《祝酒歌》旋律激昂，歌曲节奏则使人感受到响彻四方的（　　）声。

A. 鞭炮　　B. 礼炮　　C. 锣鼓　　D. 掌声

3. 歌曲的（　　）更是别具匠心，既有浓郁的民族特色，又使人热血沸腾，激情澎湃、荡气回肠的旋律让演唱者和听众久久难以忘怀。

A. 高潮　　B. 开头　　C. 第一部分　　D. 结尾

【拓展训练】

聆听《祝酒歌》，试赏析作品特点。

十七、在那遥远的地方

【知识精粹】

《在那遥远的地方》是“西部歌王”王洛宾在1939年创作的一首至今仍被广为传唱的歌曲。2007年，中国第一颗探月卫星“嫦娥一号”，也特别搭载了这首歌曲。这首歌曲的曲调源于哈萨克族民歌。1939年秋，王洛宾受马步芳委派，协助电影艺术家郑君里在青海湖畔拍摄纪录片《民族万岁》时，认识了藏族姑娘卓玛，她是当地一位藏族千户的女儿。三天的相处，活泼美丽的卓玛给王洛宾留下了深刻的印象，王洛宾为她创作了这首歌曲。这首歌的创作过程已成为带有传奇色彩的故事。相传在三天的拍摄过程中，两人共乘一马，在青海湖边奔驰，如同歌词中写的那样，卓玛的皮鞭轻轻地敲打在王洛宾的身上。两人分离之后，王洛宾在回西宁的路上怅然若失，借助民歌的旋律写成了这首传世之作。

【巩固练习】

一、填空题

1.《在那遥远的地方》是“西部歌王”________________创作的。

2.《在那遥远的地方》创作于______________年，至今仍被广为传唱。

3.《在那遥远的地方》的曲调源于_____________民歌。

4.《在那遥远的地方》歌曲为_____________，四四拍，由上下两个乐句构成。

二、选择题

1.《在那遥远的地方》是哪里的民歌？（　　）

A. 四川民歌　　B. 江苏民歌

C. 蒙古民歌　　D. 青海民歌

2.《在那遥远的地方》是（　　）创作的。

A. 施光南　　B. 田青

C. 王洛宾　　D. 王立平

3.《在那遥远的地方》表达了（　　）的风情。

A. 维吾尔族　　B. 蒙古族

C. 藏族　　D. 哈萨克族

【拓展训练】

1. 简述汉族七声调式。

2. 简述歌曲《在那遥远的地方》的创作背景。

3. 简要对比通俗音乐与民间音乐、古典音乐。

十八、葬花吟

【知识精粹】

在 1987 年版电视连续剧《红楼梦》中，《葬花吟》经王立平谱曲，由陈力演唱，作为电视剧插曲。

“黛玉葬花”是《红楼梦》前 80 回中的重要情节。宝玉的丫头晴雯因不满夜深困倦之时还有人访，所以不问来者是谁，将黛玉拒之门外。黛玉以为宝玉无情，便引出了这伤情的葬花一幕。乐曲由后面最高潮的乐句作为前奏，急切地进入状态，开门见山，将悲怨之情代入。紧接着，随着二胡的一段过渡乐曲放慢速度，将黛玉葬花之凄凉吟唱而出。

【巩固练习】

一、填空题

1.《葬花吟》是《__________》一书中历来最为人所称道，也是艺术上最为成功的诗篇之一，是林黛玉感叹身世遭遇的全部哀音的代表。

2.《葬花吟》中“花谢花飞飞满天，红消香断有谁怜？游丝软系飘春榭，落絮轻粘扑绣帘”四句是由__________来演绎的。

二、选择题

1. 在 1987 年版电视连续剧《红楼梦》中，《葬花吟》经（　　）谱曲，由（　　）演唱，作为电视剧插曲。

A. 王立平；陈力　　B. 曹雪芹；陈力

C. 曹雪芹；王立平　　D. 王立平；曹雪芹

2.《葬花吟》歌曲的一大特点就是（　　）交相辉映，设若由一人独唱来完成全曲，未免古板生硬，一成不变。

A. 歌曲和舞曲　　B. 合唱和独唱

C. 合唱和舞曲　　D. 独唱和舞曲

3.“花开易见落难寻，阶前愁煞葬花人”这两句起，唱出了（　　）的情状。

A. 黛玉葬花　　B. 花瓣败落

C. 宝玉怜惜　　D. 黛玉哭泣

【拓展训练】

请阅读《葬花吟》全诗，并聆听音乐，分析音乐风格。

花谢花飞花满天，红消香断有谁怜？
游丝软系飘春榭，落絮轻沾扑绣帘。
闺中女儿惜春暮，愁绪满怀无释处。
手把花锄出绣帘，忍踏落花来复去。
柳丝榆荚自芳菲，不管桃飘与李飞。
桃李明年能再发，明岁闺中知有谁？
三月香巢已垒成，梁间燕子太无情！
明年花发虽可啄，却不道人去梁空巢也倾。
一年三百六十日，风刀霜剑严相逼。
明媚鲜妍能几时？一朝飘泊难寻觅。
花开易见落难寻，阶前愁杀葬花人。
独倚花锄偷洒泪，洒上空枝见血痕。
杜鹃无语正黄昏，荷锄归去掩重门。

青灯照壁人初睡，冷雨敲门被未温。
怪奴底事倍伤神，半为怜春半恼春。
怜春忽至恼忽去，至又无言去不闻。
昨宵庭外悲歌发，知是花魂与鸟魂？
花魂鸟魂总难留，鸟自无言花自羞。
愿奴胁下生双翼，随花飞到天尽头。
天尽头，何处有香丘？
未若锦囊收艳骨，一抔净土掩风流。
质本洁来还洁去，强于污淖陷渠沟。
尔今死去侬收葬，未卜侬身何日丧？
侬今葬花人笑痴，他年葬侬知是谁？
试看春残花渐落，便是红颜老死时。
一朝春尽红颜老，花落人亡两不知！

第三章 “名画百幅赏析”选讲

第一节 中国名画赏析

一、东晋、南北朝、唐代

【知识精粹】

1. 顾恺之《洛神赋图》

顾恺之，东晋晋陵无锡人。人们说他有“三绝”：才绝、画绝、痴绝。

《洛神赋》是曹操的儿子曹植写的诗篇，诗中讲了一个凄婉的爱情故事。曹植借洛神来抒发自己政治上的失意，哀叹自己美好理想的破灭。顾恺之也借这个神话故事表达内心的痛苦情感。其《洛神赋图》，全画可以分为七段：初临洛水、洛神初现、神人对语、离别时刻、驾舟追赶、心灰意冷，走马上任。

2. 展子虔《游春图》

隋代展子虔的《游春图》，标志着青山绿水画的产生它是迄今为止我国著名画家画作中存世的最古老的作品，表现了士人纵情山水、欢快游乐的场景。

3. 阎立本《步辇图》

阎立本是初唐画家，他对绘画最伟大的贡献就是使绘画摆脱了对文学的依附，使画中的人物能够独立地表现复杂的思想情感。《步辇图》描绘了唐贞观十五年（公元641年）唐太宗把文成公主嫁给吐蕃王松赞干布，松赞干布派使者禄东赞来迎娶文成公主的故事。

4. 吴道子《天王送子图》

唐代吴道子的《天王送子图》又名《释迦降生图》，卷尾有楷书《瑞应经》。

5. 周昉《簪花仕女图》

唐代周昉的《簪花仕女图》，表现了宫廷贵妇的现实生活，表现方式类似连环画，由戏犬、漫步、赏花、弄蝶四段组成。

【巩固练习】

一、填空题

1. 顾恺之，东晋晋陵____人。人们说他有“三绝”：________、________、痴绝。

2.《洛神赋》是曹操的儿子________写的诗篇，诗中讲了一个凄婉的爱情故事。曹植借洛神来抒发自己______________________，哀叹自己______________。顾恺之也借这个神话故事表达内心的痛苦情感。其《洛神赋图》，全画可以分为七段：初临洛水、洛神初现、____________、离别时刻、__________、心灰意冷、走马上任。这幅作品具有迷人的艺术魅力，名垂千古，是绘画史上划时代的作品。顾恺之也是中国绘画史上__________的画家。

3. 山水画从_____画中脱胎而出，隋代是转折点，展子虔的《游春图》，标志着青山绿水画的产生，具有划时代的意义，是第一幅______画。《游春图》是我国著名画家画作中迄今存世的最古老的作品，表现了士人纵情山水、_________的场景。

4. 阎立本是初唐画家，他对绘画最伟大的贡献就是______________对文学的依附，使画中的人物能够____________________________，不再依靠文字的说明。《步辇图》描绘了唐贞观十五年（公元 641 年）唐太宗把________嫁给吐蕃王松赞干布，松赞干布派使者禄东赞来迎娶_________的故事，这本来就是一个包含丰富内容的故事，而阎立本的绘画能____________________________________表现出来，画中的所有人物，每个人都有自己的思想感情，但是艺术家没有依靠_____说明，而是用________形象表现了这个内容丰富的故事及每个人的思想感情，体现了______________________。

5. 唐代吴道子的《天王送子图》又名《释迦降生图》，卷尾有楷书《瑞应经》，说明了这幅画的内容：____________降生了，他的父亲净饭王抱着_________去觐见大自在天神，当走到大自在天庙时，所有神都站起来，_________，向太子释迦牟尼致敬，全画分三段。

6. 唐代周昉的《簪花仕女图》，表现了___________的现实生活。她们蛾眉高髻，纱衫长裙，步态轻盈，悠闲自得。表现方式类似连环画，由四段组成：戏犬、________、________、弄蝶。画中表现了_______________的四个典型场景，每段的人物不尽相同，但是她们又有______________，首尾呼应，浑然一体。

7. 王维是一个划时代的画家，他不仅是文人画的开山鼻祖，而且是________的开山鼻祖。

二、选择题

1. 下列关于中国古代绘画的类别，说法正确的是（　　）。

A. 宫廷绘画　　B. 文人绘画

C. 宗教绘画　　D. 市民绘画

2. 下列作品中，属于南唐作品的是（　　）。

A. 顾闳中《韩熙载夜宴图》　　B. 郎世宁《乾隆帝像》

C. 齐白石《虾》　　D. 展子虔《游春图》

3. 唐代画家吴道子的代表作有（　　）。

A.《历代帝王图》　　B.《簪花仕女图》

C.《天王送子图》　　D.《泼墨仙人图》

4. 唐代水墨山水画的代表人物有（　　）。

A. 展子虔　　B. 李昭道　　C. 李思训　　D. 王维

5.《韩熙载夜宴图》原图分（　　）个部分。

A. 五　　B. 四　　C. 三　　D. 二

6.《步辇图》反映的是哪个历史故事（　　）。

A. 昭君出塞　　B. 花木兰

C. 文成公主进藏　　D. 杨门女将

【拓展训练】

为什么说《天王送子图》是佛教绘画艺术的进步？

二、宋元

【知识精粹】

1. 张择端《清明上河图》

北宋张择端的《清明上河图》，标志着中国风俗人物画发展的高峰。作品整个画面可以分成六个部分：近郊景色、进城路上、河上风光、虹桥上下、城楼前面、繁华景象。表现了清明节那天，北宋首都汴京（今河南开封）人们的各种活动，其内容极其丰富，技巧极其高超。

2. 梁楷《泼墨仙人图》

南宋梁楷的简笔画人物图，是南宋人物画最值得重视的新趋势，是南宋绘画从写实到写意的转折。《泼墨仙人图》是梁楷与画院风格决裂后，在绘画领域自辟蹊径、独树一帜的具体表现。画中表现了一个烂醉如泥、憨态可掬的和尚，诙谐滑稽，令人发笑。

3. 赵孟頫《鹊华秋色图》

元代赵孟頫的《鹊华秋色图》，是其模仿董源艺术风格的最重要的作品，后被赵孟頫送给周密。作品描绘了济南东北华不注山和鹊山一带的秋景。

4. 荆浩《匡庐图》

自从王维创造了水墨山水画以后，水墨山水画在绘画史上的地位越来越重要。唐末五代迎来了水墨山水画大发展的时代，繁荣的标志就是水墨山水画风格的多样性。北方水墨山水画的代表人物是荆浩、关仝、范宽、李成，风格是雄奇险峻；南方代表人物是董源、巨然，风格是平淡天真。后梁荆浩的《匡庐图》是一副描绘庐山的山水画。

5. 范宽《溪山行旅图》

北宋范宽的山水画，把自己的思想感情与真山真水相融合，“对景造意，不取繁饰，写山真骨，自为一家”。

6. 董源《潇湘图》

南唐董源是江南山水画的开山鼻祖。其水墨山水留存于世的有《溪岸图》《龙宿郊民图》《潇湘图》《夏景山口待渡图》等。《潇湘图》是董源晚期山水画的代表作，是对江南的青山秀水的如实描绘。

7. 赵佶《芙蓉锦鸡图》

宋徽宗赵佶（1802—1135）是宋代第八个皇帝，他的工笔花鸟画勾勒精细、色彩艳丽，达到了工笔花鸟画发展的高峰。《芙蓉锦鸡图》现藏于北京故宫博物院。其作为工笔花鸟画发展的高峰，主要表现在写实、意味、诗书画印的统一几个方面。

8. 黄公望《富春山居图》

元代黄公望《富春山居图》是其对后世影响最大的山水作品，把元代山水画推向了新的高峰。清顺治年间，这幅作品被烧断，一分为二，前一段名《剩山图》，现藏于浙江省博物馆；后一段名为《无用师卷》，现藏于台北故宫博物院。

【巩固练习】

一、填空题

1. 北宋张择端的《清明上河图》，是我国古代光照千秋的____________，无论是社会价值、历史价值，还是____________，都是具有里程碑意义的作品，标志着_______________发展的高峰。《清明上河图》表现了清明节那天，北宋首都汴京人们的各种活动，其内容________，技巧_________，可谓当时社会风俗的全面反映，是_________的宏伟史诗。作品整个画面可以分成六个部分：近郊景色、__________、河上风光、虹桥上下、__________、繁华景象。

2. 南宋梁楷的简笔画人物图，是南宋人物画最值得重视的新趋势，是南宋绘画从____________的转折。《泼墨仙人图》是梁楷与画院风格决裂后，在绘画领域__________、________的具体表现。画中表现了一个烂醉如泥、_________的和尚，诙谐滑稽，令人发笑。

3. 元代赵孟頫的《鹊华秋色图》，是其模仿_____艺术风格的最重要的作品，后被赵孟頫送给_____。作品描绘了济南东北华不注山和鹊山一带的秋景。这幅作品，虽没有崇山大岭、激流险滩，却简淡萧疏、意境平远。

4. 北宋范宽的山水画，把自己的________与________相融合，“对景造意，不取繁饰，写山真骨，自为一家”。《溪山行旅图》依然延续荆浩的艺术风格，有着突兀的主峰和人们的活动，其不同之处在于人不是在_____，而是一队人马商旅，穿林而过，点出了__________的主题。

5. 南唐董源是江南山水画的开山鼻祖。南方山水画的主要特点是轻烟淡峦，山石_______，灌木丛生，__________，洲汀掩映。北方山水画的风格是_____________，南方山水画的风格是__________。董源水墨山水画留存于世的有《溪岸图》《龙宿郊民图》《潇湘图》《夏景山口待渡图》等。__________是董源晚期山水的代表作，是对江南的青山秀水的如实描绘。

6. 元代黄公望《富春山居图》是其对后世影响最大的山水作品，把元代山水画推向了新的高峰。清顺治年间，这幅作品被烧断，一分为二，前一段名《________》，现藏于浙江省博物馆；后一段名为《无用师卷》，现藏于___________博物院。

7. 宋徽宗赵佶（1802—1135）是宋代第八个皇帝，他的工笔花鸟画勾勒精细、____________，达到了工笔花鸟画发展的高峰。《芙蓉锦鸡图》现藏于北京故宫博物院。全图设色艳丽，绘芙蓉及__________，芙蓉枝头微微下垂，枝上立一_______________，扭首顾望花丛上翩翩而飞的________，生动地描写了_______的动态，达到了工笔画中难以企及的_____________、___________的境界。其作为工笔花鸟画发展的高峰，主要表现在以下几个方面：写实、意味、_________的统一。

8. 自从王维创造了水墨山水画以后，______在绘画史上的地位越来越重要。唐末五代迎来了________大发展的时代，繁荣的标志就是水墨山水画风格的多样性。北方水墨山水画的代表人物是_____、关仝、范宽、李成，风格是雄奇险峻；南方代表人物是董源、巨然，风格是平淡天真。后梁荆浩的《匡庐图》是一副描绘庐山的山水画，画面上部中央高高的主峰_________，层峦叠嶂，气势壮丽，两侧烟岚飘渺，诸峰如屏。

二、选择题

1. 梁楷生活于（　　）时期。

A. 北宋　　B. 南宋　　C. 后梁　　D. 后唐

2. 从绘画题材来看，《清明上河图》应属于（　　）。

A. 风俗画　　B. 历史故事画　　C. 山水画　　D. 人物画

3. 元朝最著名的画作《秋郊饮马图》，其作者是（　　）

A. 吴道子　　B. 赵孟頫　　C. 阎立本　　D. 张择端

4. 《清明上河图》在无声的倾诉中折射出了时代的光泽。“时代的光泽”是指（　　）

① 商业兴盛　　② 国家统一　　③ 城市发展　　④ 文化繁荣

A. ①②③　　B. ②③④　　C. ①③④　　D. ①②④

5. 关于《富春山居图》，下列选项不正确的是（　　）

A. 它是元代画家黄公望创作的纸本水墨画，是中国十大传世名画之一。

B. 此画以浙江富春江为背景，画面用墨淡雅，山和水的布置疏密得当，墨色浓淡干湿并用，极富于变化。

C. 富春山居图内容约 80% 为桐庐境内富春江景色，20% 为富阳景色。

D. 此画完整地收藏于浙江省博物馆

6.《女史箴图》的作者是（　　）。

A. 顾恺之　　B. 谢赫

C. 张僧繇　　D. 陆探微

7. 山水画作品《鹊华秋色图》的作者是（　　）。

A. 赵伯骕　　B. 黄公望

C. 赵孟頫　　D. 赵伯驹

8.（　　）标志着中国风俗人物画发展的高峰。

A.《簪花仕女图》　　B.《清明上河图》

C.《泼墨仙人图》　　D.《鹊华秋色图》

9. 下面作品中，属于南唐作品的是（　　）。

A. 李唐《采薇图》　　B. 荆浩《匡庐图》

C. 董源《潇湘图》　　D. 韩滉《五牛图》

【拓展训练】

1. 为什么说《清明上河图》是中国人物风俗画发展的顶峰？
2. 为什么说《清明上河图》是宋朝城乡的百科全书？
3. 为什么说《游春图》标志着山水画度过了初级阶段？
4. 北宋范宽的《溪山行旅图》对山树的表现特色在哪里？
5. 简述元代黄公望《富春山居图》的艺术特色。

三、明清、民国

【知识精粹】

1. 徐渭《墨葡萄图》

明代徐渭有很多号，其中最著名的是青藤，《墨葡萄》是其最著名的作品。徐渭在这幅作品上题了一首非常著名的诗：半生落魄已成翁，独立书斋啸晚风。笔底明珠无处卖，闲抛闲掷野藤中。

2. 八大山人《孤鸟图》

写意花鸟画要求笔墨的简和淡。简淡的形式、生命的不屈、自由的追求、率真的表现，是八大山人艺术中最值得称赞的地方。《孤鸟图》中的孤鸟、孤枝、独脚、独目，表现的就是八大山人心中的孤独境界。

3. 吴昌硕《牡丹水仙图》

一般的文人画很少画牡丹，吴昌硕一再地画金碧辉煌、光彩夺目的牡丹，与其生平所处时代、商品经济的进一步发展以及文人画的命运有着密切的关系。

表达自己思想情感的自娱是文人画的本质特征。当商品经济进一步发展，绘画作品完全成为商品，市场主宰艺术家的创作，艺术家为了能够顺利地出售自己的作品，在自己的作品中违心地表达买主的思想情感，这时文人画就走到了终点。

【巩固练习】

一、填空题

1. 明代徐渭有很多号，其中最著名的是青藤，《墨葡萄》是其最著名的作品。徐渭在这幅作品上题了一首非常著名的诗：半生落魄已成翁，______________。笔底明珠无处卖，闲抛闲掷野藤中。这是徐渭半生的真实写照。画中错落有致的枝叶，墨色淋漓的_______，特别是串串葡萄__________的质感，形成了动人的气势。

2. 写意花鸟画要求笔墨的简和淡。简淡的形式、_____________、自由的追求、_________，是八大山人艺术中最值得称赞的地方。《孤鸟图》中的孤鸟、孤枝、独_____、独____，表现的就是八大山人心中的孤独境界。

3. 一般的文人画很少画牡丹，吴昌硕一再地画金碧辉煌、光彩夺目的________，与其生平所处时代、商品经济的进一步发展以及文人画的命运有着密切的关系。表达自己思想情感的自娱是________的本质特征。当商品经济进一步发展，绘画作品完全成为______，市场主宰艺术家的创作，艺术家为了能够顺利地出售自己的作品，在自己的作品中违心地表达买主的思想情感，这时文人画就走到了____点。

二、选择题

1. 清初“四王”是（　　）、王鉴、王原祁、王翚。

A. 王蒙　　　　B. 王震

C. 王时敏　　　　D. 王冕

2.“半生落魄已成翁，独立书斋啸晚风。笔底明珠无处卖，闲抛闲掷野藤中。”这首诗是（　　）上的题诗。

A.《墨葡萄图》　　　　B.《潇湘图》

C.《匡庐图》　　　　D.《雪竹图》

【拓展训练】

为什么说中国近代没有“文艺复兴”？

四、现当代中国绘画

【知识精粹】

1．齐白石《墨虾》

齐白石最脍炙人口的作品是《墨虾》。其画虾的过程，从科学的角度看是越来越不像的过程；从艺术的角度看，却是越来越像的过程。

2．徐悲鸿《奔马》

徐悲鸿与齐白石是中国新时代绘画的两面旗帜。徐悲鸿的国画作品首推《奔马》。《奔马》是徐悲鸿 1951 年画的作品。当时中华人民共和国刚刚成立，画中的骏马欢欣、跳跃、喜乐，两条腿同时都屈起来，好像遇到了天大的喜事。徐悲鸿题词道：山河百战归民主，铲尽崎岖大道平。

3．董希文《开国大典》

《开国大典》描绘了 1949 年 10 月 1 日中华人民共和国中央人民政府成立时天安门开国大典的盛况，形象地展示了光辉灿烂的中华民族的新世纪。

董希文在写实基础上的构图有两个突破：一是毛泽东站在中央位置，其他领导人站在左面大约三分之一的画面上，画面右侧是广场和群众，左实右虚、一近一远、一多一少，突出了节日的气氛；二是画面右前侧少画了一根红柱，使得广场更加广阔。

4．罗中立《父亲》

罗中立的《父亲》表现了一位勤劳、朴实、善良、贫困的农民形象。与董希文的《开国大典》、刘春华的《毛主席去安源》一同被誉为新时代绘画的“三大里程碑”。

【巩固练习】

一、填空题

1. 齐白石最脍炙人口的作品是《墨虾》。其画虾的过程，从_______的角度看是越来越不像的过程；从_______的角度看，却是越来越像的过程。

2. 徐悲鸿与齐白石是中国新时代绘画的两面旗帜。徐悲鸿的国画作品首推奔马。《奔马》是徐悲鸿____年画的作品。当时，中华人民共和国成立，画中的骏马欢欣、跳跃、喜乐，两条腿同时都___起来，好像遇到了_____________。徐悲鸿题词道：山河百战归民主，铲尽崎岖大道平。这幅画表达了作者对一个强大、民主、光明、自由的中华人民共和国建立起来了的激动心情。

3.《开国大典》描绘了 1949 年 10 月 1 日中华人民共和国中央人民政府成立时天安门_________的盛况，形象地展示了光辉灿烂的中华民族的新世纪。董希文在写实基础上的构图有两个突破：一是毛泽东站在中央位置，其他领导人站在左面大约三分之一的画面上，画面右侧是__________，左实右虚、一近一远、一多一少，突出了节日的气氛；二是画面右前侧少画了一根______，使得广场更加广阔。

4. 罗中立的《父亲》表现了一位勤劳、朴实、善良、贫困的________形象，那张_______的脸、______的双手、缺牙的嘴巴，捧着一个缺边的粗碗，碗中有半碗清水。与董希文的《________》、刘春华的《______________》一同被誉为新时代绘画的“三大里程碑”。

【拓展练习】

1. 齐白石为什么能够有前无古人、后无来者的创作？
2. 简述《开国大典》描绘的场景。
3. 罗中立的《父亲》成功的原因是什么？

第二节　西方名画赏析

【知识精粹】

1.《基督头像》

《基督头像》最大的特点就是神圣而悲苦。

2. 乔托《犹大之吻》

乔托是文艺复兴初期第一位画家。《犹大之吻》是其代表作，表现的是一个圣经故事：耶稣的门徒犹大，以 30 块银币的价格把主耶稣出卖给罗马总管。

3. 达·芬奇《蒙娜丽莎》

达·芬奇是意大利文艺复兴时期的天才，人们称他是“文艺复兴时代最完美的代表人物”，是“第一流的学者”，是“旷世奇才”。

《蒙娜丽莎》是达·芬奇艺术发展的高峰，也是文艺复兴艺术的高峰，它是人文主义艺术的完美体现，是文艺复兴时期所出现的歌颂人、表现人的杰作。

4. 米开朗琪罗《创造亚当》

《创造亚当》表现了一个《圣经》中的故事，是西斯廷教堂的天顶画。

5. 拉斐尔《西斯廷圣母》

拉斐尔的圣母像表现了圣母的不同性格，《西斯廷圣母》是拉斐尔最成功的圣母像之一。这位圣母是人民的愿望，是幸福的象征，是自我牺牲精神的典范。

6．伦勃朗《夜巡》

伦勃朗是17世纪荷兰最杰出的画家。他坚持写实主义的艺术创造道路，把卡拉瓦乔的艺术主张推向了新的高度，《夜巡》就是杰出的代表。《夜巡》是一幅集体肖像画，把巡警的生活表现得生动活泼。

7．哈尔斯《吉卜赛女郎》

哈尔斯是荷兰绘画的又一重要代表，他的肖像画能够捕捉到人物的瞬间情绪变化，使人物神采飞扬、栩栩如生。《吉卜赛女郎》是哈尔斯对吉卜赛女郎生动的描述。

8．维米尔《倒牛奶的女佣》

维米尔是17世纪荷兰最具特点的风格画家。其绝大部分作品是通过荷兰人的世俗生活，表现他们的理想和情感。《倒牛奶的女佣》描绘的是厨房的一角。

9．达维特《马拉之死》

《马拉之死》是达维特一生中最重要的肖像画和历史画。在这幅作品中，达维特用古典主义的绘画方式把马拉的形象表现得崇高、典雅和伟大。

10．热里柯《梅杜萨之筏》

热里柯是法国浪漫主义绘画的先驱，《梅杜萨之筏》是其代表作。该画在1819年的沙龙展出时受到热烈欢迎，荣获金奖，但却引起统治者的不快。

11．德拉克洛瓦《自由领导人民》

德拉克洛瓦是继热里柯之后出现的最伟大的浪漫主义艺术家，被称为“浪漫主义的雄狮”。他最重要的作品是《自由领导人民》，表现了法国1830年7月的革命。

12．米勒《播种者》《拾穗者》

米勒是法国著名的写实主义艺术家，是在我国最具知名度的外国画家之一。《播种者》表现了一个农民的真实形象，这是西方绘画史上一个划时代的作品。《拾穗者》是米勒最著名的作品，表现了三位农村妇女，穿着粗布衣裙，在拾取落在地上的麦穗。画作内容平实，表现的就是田野里的真实场景。

13．凡·高的《向日葵》

凡·高是后印象派中最重要的艺术家，其最重要的作品是《向日葵》。凡·高的《向日葵》是在阿尔炙热的阳光下完成的，向日葵、太阳、凡·高的心三者同样炽热。

14．列宾《突然归来》

列宾是巡回画派最杰出的画家，《突然归来》是其表现革命斗争的作品中最优秀的一幅。

15．蒙克《呐喊》

表现主义是20世纪诞生于德国的艺术流派。挪威画家蒙克是表现主义的先驱，《呐喊》是其最著名的作品。这幅作品表现的不是梦境，而是蒙克在现实生活中的切身体会。

【巩固练习】

一、填空题

1.《基督头像》最大的特点就是______而_______。它之所以是神圣的，是由于它不表现人的__________，表现的是冰冷冷的神。它之所以是悲苦的，是由于他要把人世间的一切_______由他一人来承担。他的头上有象征神圣的_________，表示基督是至高无上的神。

2. 乔托是文艺复兴初期第一位画家。《___________》是其代表作，表现的是一个《圣经》故事：耶稣的门徒犹大，以30块银币的价格把主耶稣出卖给罗马总管。

3. 达·芬奇是意大利文艺复兴时期的天才，人们称他是“文艺复兴时代最_____________”，是“_______的学者”，是“旷世奇才”。《___________》是达·芬奇艺术发展的高峰，也是文艺复兴艺术的高峰，它是人文主义艺术的完美体现，是文艺复兴盛期所出现的歌颂人、表现人的杰作。

4.《创造亚当》表现了一个_______故事，是西斯廷教堂的天顶画。

5. 拉斐尔的圣母像表现了圣母的不同性格。《____________》是拉斐尔最成功的圣母像之一。这位圣母是人民的愿望，是幸福的象征，是自我牺牲精神的典范。在作品里，____色的帷幕徐徐拉开，圣洁而美丽的______赤着双足，抱着______耶稣，从光辉普照的_____徐徐地降落在人间。

6. 伦勃朗是17世纪______最杰出的画家。他坚持______________的艺术创造道路，把卡拉瓦乔的艺术主张推向了新的高度，《夜巡》就是杰出的代表。《夜巡》是一幅_________画，把巡警的生活表现得生动活泼。

7. 哈尔斯是荷兰绘画的又一重要代表，他的______画能够捕捉到人物的瞬间情绪变化，使人物神采飞扬、栩栩如生。《__________》是哈尔斯对吉卜赛女郎生动的描述。

8. 维米尔是17世纪荷兰最具特点的风格画家。其绝大部分作品是通过荷兰人的世俗生活，表现他们的理想和情感。《_______________》描绘的是厨房的一角。健壮的______正在倒牛奶，桌子上有一些早餐，墙上挂着______和_______。阳光从窗外照进来，不仅______显得明亮，而且人物也显得光辉。

9.《马拉之死》是达维特一生中最重要的_______画和_______画。在这幅作品中，达维特用________主义的绘画方式把马拉的形象表现得崇高、典雅和伟大。

10. 热里柯是法国浪漫主义绘画的先驱，《__________》是其代表作。画家选择了一个关键的时刻，木筏上的人看到远远的海面上有船只经过，于是绝望的人们燃起生的希望，他们中有人在________，有人骑在别人肩上________________，有人对获救已经不抱希望，在等待死亡。这幅画在1819年的沙龙展出时受到热烈欢迎，荣获金奖，但却引起统治者的不快。

11. 德拉克洛瓦是继热里柯之后出现的最伟大的浪漫主义艺术家，被称为"________________"。其最重要的作品是《____________》，表现了法国1830年7月的革命。

12. 米勒是法国著名的__________艺术家，是在我国最具知名度的外国画家之一。《播种者》表现了一个______的真实形象，他在广袤的土地上，迈开_______，播撒种子。这在西方绘画史上是一个划时代的作品。《拾穗者》是米勒最著名的作品，表现了三位_________，穿着粗布衣裙，在拾取落在地上的麦穗。作品内容平实，表现的就是田野里的真实场景。

13. 凡·高是_______派中最重要的艺术家，其最重要的作品是《向日葵》。凡·高的《向日葵》是在阿尔______的阳光下完成的，向日葵、太阳、凡·高的心三者同样炽热。

14. 列宾是________派最杰出的画家，《突然归来》是其表现革命斗争的作品中最优秀的一幅。

15. 表现主义是20世纪诞生于德国的艺术流派。挪威画家蒙克是表现主义的先驱，《呐喊》是其最著名的作品。这幅作品表现的不是梦境，而是___________的切身体会。

二、选择题

1.（　　）是西斯廷教堂的天顶画。

A.《创造亚当》　　B.《西斯廷圣母》

C.《椅中圣母》　　D.《圣家族》

2. 文艺复兴初期第一位画家是（　　），其代表作是（　　）。

A. 乔托；《基督头像》　　B. 乔托；《犹大之吻》

C. 达·芬奇；《最后的晚餐》　　D. 波提切利；《维纳斯的诞生》

【拓展训练】

1. 简述伦勃朗《夜巡》反映的极富戏剧性的场景。

2. 简单描述哈尔斯《吉卜赛女郎》反映的典型形象。

3. 以《梅杜萨之筏》为例说说什么是浪漫主义创作方法。

4. 简述德拉克洛瓦《自由领导人民》所描述的场景。

5. 简述《犹大之吻》表现的圣经故事和该画的艺术效果。

艺术素养综合练习题

【综合练习题一】

一、单项选择题

1.（　　）标志着中国风俗人物画发展的高峰。

A.《簪花仕女图》　　B.《清明上河图》

C.《泼墨仙人图》　　D.《鹊华秋色图》

2. 下面作品中，属于南唐作品的是（　　）。

A. 李唐《采薇图》　　B. 荆浩《匡庐图》

C. 董源《潇湘图》　　D. 韩滉《五牛图》

3.“半生落魄已成翁，独立书斋啸晚风。笔底明珠无处卖，闲抛闲掷野藤中。”这首诗是（　　）上的题诗。

A.《墨葡萄图》　　B.《潇湘图》

C.《匡庐图》　　D.《雪竹图》

4. 文艺复兴初期第一位画家是（　　），其代表作是（　　）。

A. 乔托;《基督头像》

B. 乔托;《犹大之吻》

C. 达·芬奇;《最后的晚餐》

D. 波提切利;《维纳斯的诞生》

二、填空题

1.《清明上河图》描绘的是________那天，北宋首都汴京人们的各种活动。

2. 王维是一个划时代的画家，他不仅是文人画的开山鼻祖，而且是________的开山鼻祖。

3. 表达自己思想情感的自娱是________的本质特征。

4. 凡·高是后印象派中最重要的艺术家，其最重要的作品是________。

【参考答案】

一、　1. B　2. C　3. A　4. B

二、　1. 清明节　2. 水墨山水画　3. 文人画　4.《向日葵》

【综合练习题二】

一、单项选择题

1. 从绘画题材来看,《清明上河图》应属于（　　）。

A. 人物画　　B. 山水画

C. 花鸟画　　D. 现代画

2.（　　）是西斯廷教堂的天顶画。

A.《创造亚当》　　B.《西斯廷圣母》

C.《椅中圣母》　　D.《圣家族》

3.“啊！你的眼睛闪烁光芒，仿佛那太阳灿烂辉煌。”是经典歌曲（　　）中的歌词。

A.《重归苏连托》　　B.《我的太阳》

C.《安魂曲》　　D.《桑塔·露琪亚》

4.（　　）歌词描写了 1976 年粉碎“四人帮”时广大群众举杯欢庆的场面，词中“杯中洒满幸福泪”，让人不由感慨幸福的来之不易。

A.《伤逝》　　B.《在希望的田野上》

C.《祝酒歌》　　D.《打起手鼓唱起歌》

5.“天生我材必有用，千金散尽还复来”出自（　　）。

A.《将进酒》　　B.《宣州谢朓楼饯别校书叔云》

C.《行路难》　　D.《蜀道难》

6. 著名女词人李清照的“号”是（　　）。

A. 六一居士　　B. 易安居士

C. 青莲居士　　D. 东坡居士

二、填空题

1.“对景造意，不取繁饰，写山真骨，自为一家。”这句话说的是北宋______的山水作品。

2. ____________________是京剧表演的四项基本功。

3. 越陌度阡，枉用相存。________________，心念旧恩。（曹操《短歌行》）。

4. 狗吠深巷中，_____________。户庭无杂尘，虚室有余闲。（陶渊明《归园田居》）

【参考答案】

一、1. A　2. A　3. B　4. C　5. A　6. B

二、1. 范宽　2. 唱、念、做、打　3. 契阔谈讌　4. 鸡鸣桑树颠

【综合练习题三】

一、单项选择题

1. 水墨山水画的开山鼻祖是（　　）。

A. 梁楷　　B. 王维

C. 荆浩　　D. 董源

2.（　　）与董希文的《开国大典》、刘春华的《毛主席去安源》一同被誉为新时代绘画的“三大里程碑”。

A. 齐白石的《墨虾》　　B. 徐悲鸿的《人体素描》

C. 罗中立的《父亲》　　D. 徐悲鸿的《逆风》

3.《幻想交响曲》是（　　）的作品。

A. 贝多芬　　B. 柏辽兹

C. 勋伯格　　D. 巴托克

4.（　　）不仅是描摹景物，更是在叙述一个历尽辛酸的音乐家的精神世界，以及他内心深处的人生感悟。

A.《二泉映月》　　B.《百鸟朝凤》

C.《高山流水》　　D.《梅花三弄》

5. 名句“蓦然回首，那人却在灯火阑珊处”的作者是（　　）。

A. 李商隐　　B. 秦观

C. 周邦彦　　D. 辛弃疾

6. 陈子昂《登幽州台歌》中的最后一句是（　　）。

A. 断肠人在天涯　　B. 月是故乡明

C. 愁见河桥酒幔青　　D. 独怆然而涕下

二、填空题

1. 初唐阎立本创作的描绘吐蕃松赞干布派使者禄东赞来迎娶文成公主的故事的绘画作品是________。

2.《嘎达梅林》是一部恢宏的__________，它是女作曲家辛沪光 1956 年在中央音乐学院时的毕业作品，也是她的成名作。

3. 海内存知己，________________。（王勃《送杜少府之任蜀州》）。

4. 晴川历历汉阳树，________________。（崔颢《黄鹤楼》）

【参考答案】

一、1. B　　2. C　　3. B　　4. A　　5. D　　6. D

二、1.《步辇图》　2. 交响诗　3. 天涯若比邻　4. 芳草萋萋鹦鹉洲

【综合练习题四】

一、单项选择题

1. 荆浩的《匡庐图》是一幅描绘（　　）的山水画。

A. 华不注山　　B. 鹊山

C. 庐山　　D. 泰山

2.（　　）是奥地利音乐家。

A. 福斯特　　B. 贝多芬

C. 勃拉姆斯　　D. 舒伯特

3.（　　）以杜丽娘和柳梦梅的爱情故事为主线，歌颂了青年男女大胆追求爱情、反抗封建礼教的精神，揭露和批判了程朱理学“存天理、灭人欲”的虚伪与残酷。

A.《牡丹亭》　　B.《紫钗记》

C.《邯郸记》　　D.《桃花扇》

4. 杜甫是唐朝盛极而衰的历史转折时期的诗人，他的诗被称为“诗史”，他本人被称为（　　）。

A. 诗杰　　B. 诗仙　　C. 诗圣　　D. 诗豪

5.“羽扇纶巾，谈笑间，樯橹灰飞烟灭”写的是（　　）。

A. 曹操　　B. 周瑜　　C. 诸葛亮　　D. 刘备

二、填空题

1. 17 世纪荷兰最杰出画家伦勃朗的《夜巡》是一幅 ________肖像画。

2.《嘎达梅林》的曲作者是________________。

3. 人生得意须尽欢，________________。（李白《将进酒》）

4. 安得广厦千万间，____________________________，风雨不动安如山。（杜甫《茅屋为秋风所破歌》）

【参考答案】

一、1. C　2. D　3. A　4. C　5. B

二、1. 集体　2. 辛沪光　3. 莫使金樽空对月　4. 大庇天下寒士俱欢颜

第二部分

人文素养

第一章　甘肃地理

第一节　甘肃的地貌

【知识精粹】

1．地形的形式

甘肃地形以山地和高原为主。根据甘肃各地的地形和地势特点，全省的地形可分为陇南山地、陇东和陇中黄土高原、甘南高原、河西走廊、祁连山地、河西走廊以北地带六种地形区域。

2．特殊地貌

甘肃地域辽阔，地质条件复杂，主要有花岗岩地貌、熔岩地貌、丹霞地貌、雅丹地貌等地貌类型。

3．地质灾害

地质灾害是指在自然或者人为因素的作用下形成的，对人类生命财产造成破坏、对环境造成损失的地质现象。甘肃主要的地质灾害有地震、滑坡和泥石流。

【巩固练习】

1. 甘肃地形以__________和__________为主，地势__________，地形________________。

2. 根据各地地形和地势特点，甘肃全省地形可分为陇南山地、__________________、甘南高原、____________________、祁连山地、河西走廊以北地带六大地形区。

3. 丹霞地貌是指____。

4. 甘肃省处在我国________________和________________两大地震带上。

5. 地质灾害是指____。甘肃主要的地质灾害有____________________、________________________和泥石流。

【拓展训练】

1. 简述河西走廊的地形地势特点。

2. 简述泥石流的危害。

第二节　甘肃的气候

【知识精粹】

1. 气候特征

气候特征是指某一地区长年天气特征的综合，包括平均天气状况及其特征，甘肃省的主要气候特征为气候干燥，昼夜温差大，光照充足，太阳辐射强，降水少且分配不均，集中在7、8、9月。

（1）甘肃省各地气温差异的总特征是：南热北冷，盆地河谷暖，山地高原冷。

（2）甘肃省地处北半球中纬度偏南的位置，大部分地区的海拔较高，光照时间较长，加之处于大陆的内部，空气干燥，云量少，大气稀薄，太阳辐射强度大，光照资源非常丰富。

（3）甘肃大部分地区干旱少雨，全省年平均降水量不足全国平均降水量的一半。全省各地年均降水量分布特点是：从东南向西北递减。

（4）根据气候区划分指标组合及地理特征，甘肃省可以分为陇南南部河谷亚热带湿润区、陇南北部暖温带湿润区、陇中南部温带半湿润区、陇中北部温带半干旱区、河西西部暖温带干旱区、河西走廊温带干旱区、祁连山高寒半干旱半湿润区、甘南高寒湿润区八个气候区。

2. 主要气象灾害

甘肃省气象灾害主要包括干旱、大风、沙尘暴、暴雨、冰雹、霜冻和干热风等。

【巩固练习】

1. 甘肃地区年平均气温由东南向西北逐渐降低，各地气温差异的总体特征是____。气候的另一个显著特征就是气温的________________较大，“早穿皮袄午穿纱，围着火炉吃西瓜”就是对河西地区日气温变化的真实写照。

2. 我国气象部门规定，24小时降水量为50毫米或以上的强降雨称为“________”。

【拓展训练】

1. 什么是气候？简述甘肃省的主要气候特征。
2. 简述甘肃的沙尘暴。

第三节 甘肃丰富的自然资源

【知识精粹】

1．土地资源

甘肃省总土地面积约为 42.58 万平方千米，但山地多，平地少，可用于生产建设的土地，约占土地总面积的 60.11%，全省耕地面积居全国第十一位，人均耕地面积约为 1 806 平方米，居全国第六位。

2．水资源及开发利用

甘肃是一个水资源匮乏的省份，人均水资源仅为全国平均水平的 1/2，耕地亩均水资源约为全国平均水平的 1/4。全省水资源分布特点大致为：夏秋两季较多，春冬两季较少，东多西少，南多北少。

甘肃省虽然水资源匮乏，但水能资源较为丰富，发展水电建设有得天独厚的条件，黄河上游的刘家峡、盐锅峡、八盘峡水电站和闭口水电站的水力总蕴藏量位列全国第一。

3．生物资源

甘肃省是我国生物多样性十分丰富的省区之一，全省生物多样性较高的区域主要集中在陇南山地及甘南高原少部地区。

4．矿产资源

甘肃省是我国矿产资源比较丰富的省份之一，矿业开发已成为甘肃重要的经济支柱。

5．能源资源

除煤炭、石油、天然气外，甘肃省还有太阳能、风能等新能源。

【巩固练习】

1. 甘肃省总土地面积约为 42.58 万平方千米，但 ________多，________少，除沙漠、戈壁、沼泽、石山裸岩、永久积雪和冰川等难以直接利用的土地外，可用于生产建设的土地约占土地总面积的_______。全省_______面积分布较广，约占土地资源总面积的 33.34%，是中国主要的牧业基地之一。全省耕地、林地比重小，耕地面积居全国第 11 位，人均耕地面积约为 1 806 平方米，居全国第______位。

2. 全省水资源分布的特点大致为：_______两季较多，________两季较少；_____多西少，南多____少。甘肃省虽然水资源匮乏，但水能资源却较为丰富。

3. 甘肃省的草场主要分布在______________、____________、西秦岭、马山、哈思山、关山等地，这些地方海拔一般为 2 400 ~ 4 200 米，气候__________，海拔 3 000 米以上的地区牧草生长季节短、枯草期长。甘南草场以水草丰茂著称，素有“____________”的美称。

【拓展训练】

1. 简述甘肃的矿产资源。
2. 简述甘肃的能源资源。

第四节　甘肃的河流、湖泊与湿地

【知识精粹】

1. 长江流域

甘肃省内的长江流域地处本省南部，包括嘉陵江和汉江两个水系。白龙江是嘉陵江上游的最大河流，是我国西部亚热带与暖温带的分界线，与秦岭、淮河同为中国地理上的重要分界线。

西汉水上游水土流失严重，是嘉陵江泥沙的主要来源，也是整个长江流域含沙量最大的河流。

2. 黄河流域

甘肃省内的黄河流域分黄河干流（包括支流庄浪河、大夏河、祖厉河及直接入干流的小支流）、洮河、湟水、渭河及泾河五个水系。

3. 内陆河流域

甘肃省内陆河流域包括石羊河、黑河和疏勒河（含苏干湖区的哈尔腾河等）三个水系。这些河流水量较稳定，蕴藏有丰富的水能资源。

【巩固练习】

1. 白龙江是_____________上游的最大河流，是我国西部亚热带与暖温带的分界线，与秦岭、淮河同为中国地理上的重要分界线。白龙江发源于甘肃省甘南藏族自治州________县与四川若尔盖县交界的______________，流经甘南州的迭部县、舟曲县，陇南市的宕昌县、武都区、文县等地，在四川_______________汇入嘉陵江。河道全长约 552.1 千米，流域面积约为 3.18 万平方千米。甘肃境内流程约 475 千米，流域面积约 2.09 万平方千米。

2. 黄河是我国第二大河，发源于青海省青藏高原的____________山脉，流经青海、四川后进入甘肃境内。甘肃省内黄河流域分黄河干流（包括支流庄浪河、大夏河、祖厉河及直接入干流的小支流）、__________、湟水、________________及泾河五个水系。

3. 洮河在甘肃省境内中部偏南，是黄河水系的一级支流，甘肃省第______大河。在黄河各支流中，洮河年水量仅次于_______，居第二位。洮河发源于青海省，于甘肃省______汇入黄河，全长约 673 千米，流域面积约 2.55 万平方千米，多年平均河流径流量约 48.26 亿立方米（红旗水文站），自产水资源总量约 47.2 亿立方米。洮河干流自源头由西向东流至_______后受阻，急转弯改向北偏西流，形如一横卧的“L”字形。

4. 渭河，古称渭水，是黄河的最大支流，发源于今甘肃省定西市______县鸟鼠山，主要流经今甘肃渭源、陇西、武山、甘谷、天水等地及陕西省关中平原的宝鸡、咸阳、西安、渭南等地，至渭南市____________县汇入黄河。渭河全长约 818 千米，

5. 甘肃省内陆河流域包括__________、黑河和_________（含苏干湖区的哈尔腾河等）3 个水系。石羊河古名谷水，发源于祁连山脉东段的__________，是甘肃省河西走廊三大内陆河之一。

【拓展训练】

1. 简述文县天池。
2. 简述碌曲尕海。
3. 简述临潭冶海。

第五节　政区地理

【知识精粹】

甘肃省共设兰州、天水、白银、金昌、嘉峪关、武威、庆阳、平凉、张掖、酒泉、定西、陇南 12 个地级市，临夏、甘南 2 个自治州。

（1）兰州市是甘肃省的省级行政中心，是甘肃省的政治、文化、经济和科教中心。兰州是黄河穿城而过的唯一省会城市，也是丝绸之路与唐蕃古道的锁钥之地。

（2）兰州新区是甘肃省下辖的国家级新区，是我国第五个国家级新区，也是西北

地区第一个国家级新区。兰州新区成为我国面向中西亚、中东欧国家开放的桥梁和纽带。

（3）甘肃省的少数民族主要聚集在临夏回族自治州和甘南藏族自治州。

【巩固练习】

1. 甘肃省共设________、天水、白银、金昌、________、武威、庆阳、__________、张掖、酒泉、__________、陇南 12 个地级市，临夏、________2 个自治州；4 个县级市、58 个县、7 个民族自治县、17 个市辖区。

2. 兰州——甘肃省省级行政中心，古称“________”，是甘肃省的政治、文化、经济和科教中心。兰州是西北地区的第____大城市，也是中国 18 个铁路局之一的兰州铁路局的本部。黄河穿城而过，蜿蜒百余里。

3. 兰州的旅游资源有着广阔的开发前景。市内有我国保存最为完好的土司衙门——鲁土司衙门，“天下黄河第一桥”——__________，“陇右第一名山”——_________，国家级森林公园——_______________沟、石佛沟、徐家山等，“母亲河”的象征——_____________雕塑，还有“陇上十三陵”——______________________等。

4. 兰州坚持“文化兰州”建设，推出了舞剧《___________》《___________》《龙源》等精品杰作，其中《_____________》被评为 2004 年国家十大舞台艺术精品工程剧目。此外，兰州太平鼓气势磅礴，享有“_____________________”的美称。

5. 兰州新区区位优势明显，承东启西，连接南北，是___________重要节点。兰州新区交通便利，_______高速、________高速及中川机场构成了立体综合的交通网络体系。

6. 嘉峪关市是西北地区最大的钢铁联合企业基地，有“___________________”之称。

7. 嘉峪关地处古“丝绸之路”的交通要冲，又是明代万里长城的西端起点，素有“天下第一雄关”“______________”之称。

8. 张掖因“张国臂掖，以通西域”而得名，地处甘肃省河西走廊中部，是古丝绸之路重镇和新亚欧大陆桥的要道，自古就有“______________”和“______________”之美誉。

9. 武威因雄才大略的汉武帝为彰显大汉帝国的“_______________”而得名，是甘肃重要的____________基地和瓜菜基地，是中国__________酒的发祥地，也是世界上白牦牛的唯一产地。

10. 酒泉的________文化、________文化和____________享誉海内外，境内遗存大量独具魅力的历史文化胜迹。敦煌有__________、________________、雅丹地貌国家地质公园、西汉胜迹、月牙泉、阳关、万里长城遗址等名胜古迹和自然景观。

11. 天水市因“天河注水”的传说而得名，风光秀丽，人文荟萃，气候温和，景色兼有南秀北雄的特色。境内的_______石窟荟萃了从公元 4 世纪到 19 世纪的塑像 7 800 余尊、壁画 1 000 多平方米，被誉为“________________”。此外，邓宝珊将军纪念馆、武山革命斗争纪念馆、伏羲庙、玉泉观、南郭寺、卦台山、水帘洞、李广墓、姜维墓等景点星罗棋布。

12. 金昌市有世界著名的多金属共生大型硫化铜镍矿，镍产量居亚洲第一位，是中国最大的镍钴生产基地和铂族金属提炼中心，被称为祖国的“________”。

13. 白银市又称“______________”，是一座工业城市。

14. 定西市位于甘肃省中部，俗称“________”。有“_____________”“_____________”等称号。定西市内人文景观和自然旅游资源丰富。定西自古就是“丝绸之路”的重镇，素有“甘肃咽喉，兰州门户”之称。

15. 陇南市位于甘肃省东南部，是甘肃省唯一的长江流域地区，素有“______”之美称。它还是我国主要的中药材产地之一，野生药材种类繁多，素有“____________”之美誉。

16. 平凉是甘肃省主要农林产品生产基地和畜牧业、经济作物的主产区。庆阳市位于甘肃省最东部，陕甘宁三省的交汇处，是黄河中下游黄土高原沟壑区，俗称“___________”。香包、陇绣、民间剪纸、道情皮影和陇东民歌被称为庆阳“__________”。

17. 庆阳境内的____________，平均海拔约 1 421 米，平畴沃野，一望无垠，是世界上面积最大、土层最厚、保存最完整的黄土塬面，堪称“__________________”。

18. 临夏回族自治州位于甘肃省中部，黄河上游，素有“____________”、西部“旱码头”和“__________”之称，享有“_________之乡”“彩陶之乡”和“_________之乡”的美誉。

19. 甘南藏族自治州是中国十个藏族自治州之一，历史上是藏汉交流、东进西出、南来北往的著名商贸集散地。坐落在甘南各地的百余座藏传佛教寺院，更是呈现出五彩缤纷的藏传佛教和藏民族文化的丰厚底蕴，尤以__________、_______________最为出名，诸多寺院以其雄浑的建筑、精湛的雕塑、至美的唐卡艺术以及浩如烟海的经卷，享誉海内外。甘南被誉为“__________________”。

【拓展训练】

1. 简述甘肃省的 14 个地州市名称及内涵。

2. 简述甘肃省的省辖市有哪些。

第六节 经济地理

【知识精粹】

1. 工业发展

（1）甘肃省工业形成了以冶金、石油化工、电力、机械、建材和纺织品等工业为支柱，多种工业并存的工业体系。

（2）自 2009 年以来，以风能、太阳能的开发利用为主的新能源产业已经成为调整工业结构的重要力量。

2．农业发展

（1）甘肃省农业优势产业主要集中在粮食、药材、果品和畜产品上。

（2）农业产业结构不合理，种植业比重过高，林业、渔业比重明显偏低，农产品的深加工能力还有待进一步提高。

3．城乡发展

甘肃省城乡发展的主要表现为城镇化水平稳步提高、城镇基础设施建设加快、城镇体系空间格局呈现新特点、城镇公共服务水平有效提高等。

4．交通运输

甘肃省处于西北地区中心部位，是连接欧亚大陆桥的战略通道和沟通西南、西北的交通枢纽。中华人民共和国成立以后，甘肃形成了铁路、公路、航空等多种形式的现代交通运输体系。

【巩固练习】

1. 中华人民共和国成立以来，甘肃省工业从无到有，从小到大，形成了以________、石油化工、________、机械、__________和纺织等工业为支柱，多种工业并存的工业体系，工业生产产量高速增长，生产水平不断提高。甘肃作为中华人民共和国成立初期国家实施重化工业优先发展战略的重要布局地区之一，经过多年的发展，形成了石油化工城________、航天城________、钢城嘉峪关、镍都_________、铜城白银等一批现代化城市。

2. 在注重提升传统优势的同时，甘肃大力调整产业结构，____________________，再造传统支柱产业新优势。自 2009 年以来，以风能、__________能的开发利用为主的新能源产业已经成为调整工业结构的重要力量。甘肃风力资源居全国第 5 位，河西的________素有“世界风库”之称。甘肃利用风能资源优势，着力建设河西风电走廊，打造西部“陆上三峡”。同时，甘肃是我国___________能最为丰富的三个区域之一，其中河西西部、____________是我国太阳能资源最丰富的地区。

3. 甘肃省是西部的农业大省，受资源条件、_________等因素的影响，农业优势产业主要集中在粮食、________、果品和畜产品上。以小麦、________、谷子、_________为主要粮食作物，_________、甜菜、百合、__________等为主要经济作物的多种农产品，既为工业生产提供了丰富的原材料，也保证了人民物质生活水平的提高，形成了比较完善的农业生产体系。经过多年的扶持，甘肃省已初步形成了________、__________两大农业产业集群。

4. 工业集中发展区基础设施______________________________，呈现良好发展势头；都市现代服务业蓬勃发展，主体行业发展较快；____________产业活跃发展，其中__________和________产业有了较快发展，城市品位与知名度得到提升。

5. ________、兰新、______、_________4 大铁路干线相接成“十”字网，与通往省内各地厂矿和工业区的支线，共同形成了以_________为中心的甘肃铁路运输整体网络。我国通往欧洲大陆的动脉兰新线从甘肃穿过，它东起_______，西至_________，路经武威、张掖、酒泉等，全长 1 903 千米，是中华人民共和国成立后修建的最长的铁路干线，贯通了东起中国连云港，西至荷兰鹿特丹的亚欧大陆桥。陇海铁路宝兰段二线工程建成以后，对加强西北地区和东部发达地区的联系，对第二条亚欧大陆桥在我国境内的畅通都起到了非常重要的作用。

6. 甘肃有兰州中川机场、________机场、___________机场、___________机场、金昌金川机场、庆阳机场、__________机场（军民合用）、张掖甘州机场（军民合用）等机场，航空运输已形成以__________为中心，通往北京、上海、广州、西安、乌鲁木齐、深圳等城市及省内敦煌、嘉峪关、庆阳、金昌、张掖、天水的几十条航线。

【拓展训练】

简述甘肃的公路发展状况。

第七节　文化地理

【知识精粹】

1．人口和民族

（1）甘肃省地广人稀，人口分布很不均匀，黄河以东地区约占全省总面积的 1/3，居住了约 80% 的人口。

（2）甘肃省现有 55 个少数民族，约占全省总人口的 9.43%。

2．宗教信仰

甘肃省有佛教（有汉传佛教和藏传佛教之分）、道教、伊斯兰教、基督教、天主教 5 种宗教。

3．民俗风情

庆阳剪纸、临夏“花儿”会、甘南藏戏、兰州太平鼓等都是甘肃省的特色民俗。

4．文化旅游

甘肃历史悠久，境内文物古迹众多，包括敦煌莫高窟、嘉峪关、伏羲庙、麦积山石窟、天水古民居等，形成了丰富多彩的旅游文化资源。

【巩固练习】

1. 截至 2017 年末，甘肃省常住人口约为 2 625.71 万人，与我国东部地区相比，____________________，_________________________，黄河以东地区约占全省总面积的 1/3，居住了约 80% 的人口。

2. 甘肃自古就是多民族聚居的省份，省内现有______个少数民族，约占全省总人口的 9.43%。人口较多、世居甘肃的少数民族有 10 个，分别是_____族、______族、________族、保安族、裕固族、蒙古族、撒拉族、哈萨克族、土族、满族。根据民族区域自治制度，甘肃省设立了_________个自治州（甘南藏族自治州和临夏回族自治州）、____个自治县（张家川回族自治县、天祝藏族自治县、肃北蒙古族自治县、肃南裕固族自治县、阿克塞哈萨克族自治县、东乡族自治县和积石山保安族东乡族撒拉族自治县），此外，还设立了______个民族乡。

3. 甘肃是一个多宗教、多教派的省份，也是全国宗教工作重点省份之一。全省有____教、道教、______教、______教、_______教 5 种宗教，信奉这 5 种宗教的信徒遍布全省各地。

4. 临夏“花儿”的特点是______________，_________，文辞优美、朴实、生动、形象，结构严谨。演唱也比较自由，以独唱为主，也有对唱和联唱。其曲调悠扬、高亢、奔放。曲谱有百种之多，广为流传的也不下 40 余种。临夏“花儿”大致有“________________”和“___________________”两种，都用临夏方言传唱。

5. 甘南藏戏藏语称“_________”，该戏种已被列为甘肃省首批非物质文化遗产保护名录。

6. 莫高窟有洞窟 735 个，壁画约 4.5 万平方米，泥质彩塑 2 415 尊，是__________、内容最丰富的____________圣地。1961 年，莫高窟被中华人民共和国国务院公布为第一批全国重点文物保护单位之一。1987 年，莫高窟被列为世界文化遗产，在收入《世界遗产名录》的 981 项遗产中，完全符合“世界文化遗产”6 条标准的遗存仅有 2 个，敦煌莫高窟便是其中之一。敦煌是佛教东渐进入中原的第一站，是世界三大宗教的融汇之地。敦煌是世界级文化遗产和自然景观融为一体的城市，不仅拥有丰厚独特的世界文化遗产，还拥有以“大漠奇观”著称于世的_________、_________等世界级自然奇观。敦煌莫高窟是世界上历史延续最悠久、保存较为完整的佛教艺术宝库，代表了公元 4 世纪到 14 世纪中国佛教艺术的高度成就。20 世纪初以来，莫高窟藏经洞的发现，以及悬泉置汉代简牍的考古发掘，衍生出国际东方学的一个重要分支——敦煌学。

7. 甘肃境内保存的长城总计超过 3 600 千米，占全国现存总量的 60% 以上。嘉峪关关城是明代长城沿线九镇所辖千余个关隘中最雄险的一座，是长城沿线规模最大、保存最完好的两座关隘之一，因地势险要、建筑雄伟而得名“_________________”。

8. 麦积山石窟位于甘肃天水市东南约 45 千米处的山崖中，因其______________，故名麦积山。它汇集了自十六国后秦至北魏、西魏、北周、隋、唐、宋、元、明、清 1 600 余年的佛教艺术，被誉为“_____________”。麦积山石窟以其精美的______艺术闻名中外，历史学家范文澜曾誉麦积山为“____________”。这里的泥塑大致可以分为突出墙面的高浮塑、完全离开墙面的圆塑、粘贴在墙面上的模制影塑和壁塑四类。麦积山的塑像有两大明显的特点：____________________和世俗化的趋向。

【拓展训练】

1. 甘肃少数民族主要聚居在什么地方？

2. 简述天水市伏羲庙。

第八节　人与自然

【知识精粹】

植被破坏、水土流失、土地沙化、草地退化等生态问题，仍然是制约甘肃经济社会可持续发展的主要生态“瓶颈”，全省生态保护与建设依然任重道远。

【巩固练习】

1. 人类文明经历了原始文明、__________文明、早期工业文明和现代工业文明四个时期。分别对应人与自然关系演变的四个阶段，即__________阶段、开发利用阶段、_________阶段及和谐相处阶段。

2. 甘肃位于_______高原、________高原、__________高原三大高原和西北干旱区、青藏高寒区、东部季风区三大自然区域的交汇处。甘肃地域________，地质地貌、气候类型复杂多样，除海洋生态系统外的森林、草原、荒漠、湿地、农田、城市等六大陆地生态系统均有发育，自然因素影响大、_________范围广、水土资源不匹配、_______少而不均、承载力低、修复能力弱是甘肃_________的基本特征。

3. 甘肃地处_______、_______上游，是全国水土流失治理和防沙治沙的重点区域，其生态建设是确保_____________战略实施，涵养补给黄河水源、根治长江水患、实现下游地区经济社会可持续发展的有效保障；是阻止沙尘暴等恶劣气候环境、促进北方地区经济社会发展的前沿阵地；也是《全国主体功能区规划》确定的“两屏三带”全国生态安全战略格局中“____________________”“黄土高原-川滇生态屏障”和“__________”的重要组成部分，甘肃生态安全在西北乃至全国具有非常重要的地位。

【拓展训练】

1. 甘肃生态建设面临的形势是什么？

2. 甘肃生态保护的总体目标是什么？

3. 甘肃生态保护的原则有哪些？

4. 甘肃生态建设的措施是什么？

第九节 “一带一路”，奏响时代发展最强音

【知识精粹】

“一带一路”是“丝绸之路经济带”和“21世纪海上丝绸之路”的简称。“一带一路”是全球最受欢迎的全球公共产品，也是目前前景最好的国际合作平台。

甘肃是连接亚欧大陆桥的重要通道和沟通西南、西北的重要交通枢纽，也是中国通向中西亚及欧洲的重要战略通道，具有承东启西、南拓北展的区位优势。

“一带一路”为甘肃打开了一扇对外开放的大门，使地处内陆、经济欠发达的甘肃由开放的后方变为开放的前沿，重振丝路雄风。

【巩固练习】

1. __________年9月和10月，中国国家主席习近平在出访中亚和东南亚国家期间，先后提出了共建“__________带”和“____________________路”，强调相关各国要打造互利共赢的“__________共同体”和共同发展繁荣的“_________共同体”。

2. “一带一路”倡议的提出，契合了沿线国家的共同需求，为________________、开放发展开启了新的机遇之窗。

3. “一带一路”贯穿亚欧非大陆，一头是活跃的___________经济圈，一头是发达的 ______经济圈，中间广大腹地国家____________ 巨大。

4. “一带一路”沿线各国资源特色各异。中国国家发展改革委、外交部、商务部于2015年3月28日联合发布《______________________________________》，提出“一带一路”建设过程中的几大合作重点，即设施联通、贸易畅通、资金融通、民心相通。

5. 丝绸之路甘肃段长达______________ 多千米，占据总长的近四分之一。甘肃是连接亚欧大陆桥的重要通道和沟通西南、西北的重要交通枢纽，也是中国通向中西亚及欧洲的重要战略通道，具有承东启西、南拓北展的区位优势。“一带一路”为甘肃打开了一扇对外开放的大门，__________________大道。地处内陆、经济欠发达的甘肃已由开放的后方变为开放的前沿，陇原大地正以更加积极的姿态加速融入世界经济舞台，__________________。

【拓展训练】

1. 简述“一带一路”。

2. 甘肃省确立的在“一带一路”建设中的战略定位是什么？

第二章　甘肃历史

第一节　甘肃古代史

一、生活在甘肃的远古居民

【知识精粹】

1. 旧石器时代与新石器时代的特征：旧石器时代距今约 1 万年到 300 万年，该时期的标志性生产工具是打制石器，人类以采集和渔猎为生，属攫取性经济。新石器时代大约从距今约 1 万年前开始，结束时间距今 5 000 多年至 2 000 多年不等，该时期的标志性生产工具是磨制石器，陶器生产成为新石器时代最具特色的手工业。

2. 大地湾文化：大地湾文化距今约 8 000 年到 4 800 年，大地湾古人处于母系氏族社会的繁荣时期，从事原始的农业和畜牧业生产。陶器是大地湾古人普遍使用的生活工具，最早的彩陶出现。

3. 马家窑文化：马家窑文化距今约 5 000 年到 4 000 年，处于母系氏族社会向父系氏族社会过渡的时期。在马家窑文化的林家遗址中发现了距今约 5 000 年的铜刀，是迄今为止我国发现的第一件青铜器。

4. 齐家文化：齐家文化距今 4 000 年左右，人们已掌握了复杂的烧窑技术，制陶业比较发达。齐家古人发展起了早期的玉器制造业，冶铸和铜器使用十分普遍。齐家文化后期，父系氏族公社开始解体，逐步向阶级社会迈进。

【巩固练习】

1. 早在大约______万年前，就有远古居民在甘肃大地上繁衍生息。旧石器时代的重要标志是生产工具为____________，人类体质具有____________，社会生产力极其低下，人类以采集和渔猎为主，属__________性经济。

2. 甘肃旧石器时代遗址有：镇原县的_____湾、寺沟口、黑土梁，环县的楼房子、刘家岔，泾川县的_______、南峪沟、桃山嘴，东乡区的_________。

3. 庄浪县的南湖双堡子、_______等遗址里的各种出土物反映出远古居民的生产、生活状态。他们使用粗糙的_____石器、骨器、鹿角器，从事采集和狩猎等生产活动，还学会______。

4. 新石器时代大约从______万年前开始，结束时间从距今 5 000 多年至 2 000 多年不等。其重要标志是开始出现农业和家畜饲养为主的生产性经济。石器以________为主。_______生产成为新石器时代最具特色的手工业。从距今约 8 000 年开始，甘肃已进入_____石器时代的早期，然后从中期过渡到晚期。大地湾文化属于新石器早、中期的一种文化，因在甘肃省秦安县______首先发现它的遗存而闻名。在大地湾文化时期，人们继续改进了石器制作技术，每件石器都有_________和特定的用途。

5. 大地湾古人处于______________的繁荣时期，从事原始的_____________和畜牧业生产，还学会了建筑房舍，于是便形成了原始的村落。他们制作的陶器，三分之一以上绘有紫红色宽带，成为我国_______________。这一时期制陶工艺比较原始，以细砂红陶和褐陶为主，火候低、器类少。彩陶上面有刻画记号，有专家认为，这些符号是我国___________的起源。

6. 伏羲，姓风，燧人氏之子。《______》中称伏牺，又称青帝，是五天帝（五天帝是指皇帝、赤帝、白帝、青帝和黑帝）之一。据古书记载，伏羲是现在_____一带的人，是古代传说里中华民族的人文始祖，也是中国古籍中记载的________。

相传伏羲人首蛇身，与女娲兄妹相婚，生儿育女。他教人们织网渔猎，驯养牲畜，从事农业和畜牧业生产；他根据天地万物的变化，发明创造了________。伏羲称王一百一十一年以后去世，留下了大量神话传说。现在天水市还存有全国最大的伏羲庙。

7. 相传女娲也是现在______一带的人。她的伟大功绩是_________，以及“炼五色石以补苍天”。在今天的秦安县有女娲庙、女娲祠。

8. 马家窑文化距今大约 5 000 年到 4 000 年，是_______时代晚期的一种文化，因首先发现于甘肃省临洮县________而命名，主要分布在甘肃省西部地区。

9. 齐家文化距今 4 000 年左右，是以中国甘肃为中心地区的___________时代晚期文化，其名称来自主要遗址地甘肃省______县齐家坪。齐家文化持续约一千年，大体与中原的夏王朝处在同一时期。

【拓展训练】

简述齐家文化。

二、周秦先祖在甘肃的活动

【知识精粹】

秦人的兴起及发展：商末，秦人先祖中潏受商王朝之命，率领族众到甘肃天水，与西戎各族杂居，保卫西部边疆，秦人、秦族和秦文化开始兴起。秦国在邽戎、冀戎两个新开辟的地区设邽县和冀县，这是甘肃历史上建立最早的两个县。到秦穆公时，秦国已成为称霸西戎的强大诸侯国，秦穆公也成为“春秋五霸”之一。战国时期，秦国通过商鞅变法，经济、军事实力大大增强，成为“战国七雄”之一，为最终统一六国奠定了基础。

【巩固练习】

1. 周人的祖先叫_____，长期生活在______（今陕西武功县西南）。他善于根据不同的土地种植不同的谷物，并能根据时令播种。他所种植的庄稼长得很好，其他部落都来向他学习。此事被____知道后，便任用他为农师，号曰后稷（jì）。帝舜时任命他教民稼穑，天下尽得其利，弃因功被封于邰，赐姓姬，为________。

2. 之后，周人部落继续向南扩展，进入到今天_____的旬邑、长武、彬县一带。周人在____、陕一带的兴起，为最终建立_____王朝奠定了坚实的基础。

3. 秦人热衷于狩猎、赛马、射箭等属于______的生活方式。周朝天子扬长避短，让他们__________。因秦人为周王室养马有功，周孝王封秦人首领非子为“附庸”，封地秦亭。秦人以秦亭为中心，苦心经营，一方面积极学习中原文化，促进自身社会制度的进步和经济发展；另一方面在与______的频繁接触中，吸收西戎游牧文化中剽悍勇敢、长于骑射的风格，逐渐强大。

4. 公元前 770 年，________为犬戎所灭。秦襄公率兵护送______东迁洛邑，因为有功，被封为诸侯，并赐给岐山以西的土地，秦正式成为诸侯国。春秋时期（公元前 770 年～公元前 475 年），秦国开始扩充势力，首先把目标对准西戎。但秦襄公几次伐戎都以失败告终。后代君主积极备战，到_______时，中央集权加强，兵强马壮，先后征服并吞了绵诸、邽戎、冀戎、义渠戎、翟和豲等部族。秦武公十年（公元前 688 年），秦国在邽戎、冀戎两个新开辟的地区设邽县（今________）和冀县（今_______）。这是甘肃历史上建立最早的两个县。

5. 到秦穆公时，秦国已成为称霸西戎的强大诸侯国，________也成为“春秋五霸”之一。秦霸西戎，客观上促进了民族融合和经济文化的发展。战国时期，秦国通过________，使经济、军事实力大大增强，成为“______”之一，为最终统一六国奠定了基础。在夏商周时期，甘肃境内除了周人、秦人外，还有西戎、月氏、乌孙、氐族、羌族和匈奴等民族在这块土地上生活过。

6. _________诞生在陇山东西和泾水、渭水、洛水流域，________即是西戎的主要诞生地之一。春秋时期，西戎中较大的几个部族是：绵诸、邽戎、冀戎、义渠戎、翟、豲。

7. ______和______是活动在河西地区的古老民族。战国至秦代，他们居住在河西走廊西部的敦煌、祁连山一带。乌孙在西，月氏在东，他们过着游牧生活。公元前 2 世纪末，______逐渐强大，多次打败月氏，迫使月氏西迁至今阿姆河流域。

8. 氐族在战国以来，主要分布在今甘肃的______部，陇南地区是______最初的活动中心。氐族在历史上曾产生过重要影响，后来融入汉族。

9. 羌族是我国最古老的民族之一，以____为主，长期生活在甘肃的中部和西南部。

商朝与羌族有着密切的政治往来，有羌人在商朝担任官吏。羌人与周人关系也很密切，一般认为周代的______就是羌族。

10. 匈奴是我国北方的一个游牧民族，兴起于______时期。匈奴人擅长_____，到战国时已非常强大，逐渐登上了历史的舞台，成为影响古代东方历史发展的一支重要力量。

【拓展训练】

简述甘肃境内的古老民族。

三、秦汉时期的甘肃

【知识精粹】

1. 秦朝在甘肃设郡：公元前 221 年，秦统一六国，建立起统一的多民族中央集权制封建国家，全面推广郡县制，将全国分为 36 郡（后增为 40 郡），在甘肃境内设置陇西、北地 2 郡。

2. 甘肃境内的秦长城和河西的汉长城：公元前 213 年，秦始皇把战国时秦、赵、燕三国的长城连接起来，并新修今兰州沿黄河以北的长城，构成西起临洮、东到辽东的万里长城。汉长城的修建主要集中在河西地区，大体以酒泉和敦煌为界，分为东、中、西三段。

3. 西汉甘肃的郡县设置：公元前 202 年，刘邦打败项羽建立了西汉王朝。西汉时期，汉武帝在甘肃地区设立了“河西四郡”，即武威郡、酒泉郡、张掖郡和敦煌郡，并将大批中原人口迁徙到河西，将中原文化成果带到河西，促进了河西地区的开发。

4. 张骞通往西域：公元前 138 年，汉武帝派张骞出使西域。此次出使获得了大量前所未有的西域资料，也向各国介绍了汉朝的情况。公元前 119 年，张骞第二次出使西域。张骞以其亲身实践开通了中西陆路交通——“丝绸之路”。张骞出使西域和丝绸之路的开辟，使得河西走廊成为中国和中亚地区文化和经济交流的重要通道。

【巩固练习】

1. 公元前_____年，秦统一六国，建立起统一的多民族封建中央集权国家，全面推广郡县制，将全国分为 36 郡（后增为 40 郡），在甘肃境内设置_______、北地 2 郡。陇西郡郡治______在今临洮县东北，北地郡郡治义渠在今_____县西北。

2. 秦王朝建立后，活跃在北方草原的________乘机南下侵占原属赵国的河南地（今内蒙古河套以南），给秦朝的统治带来威胁。为了解除北方边患，公元前 215 年，秦始皇派_____将军率 30 万秦军攻打匈奴，大获全胜，收复了河南地。为了更有效地防御匈奴，巩固边防，秦始皇开始________。公元前 213 年，他把战国时秦、赵、燕三国的长城连接起来，并新修今_______沿_________以北的长城，构成西起______、东到辽东的万里长城。公元前 202 年，刘邦打败项羽建立了西汉王朝。汉初，西汉王朝在甘肃的辖区仅限于______部地区。在行政建制上沿袭秦制，设北地郡和陇西郡。秦长城以北及_______仍为匈奴所据。匈奴休屠王等所属部落在这里游牧，他们经常侵入边塞地区进行掠夺。但由于国力有限，汉政府不得不与匈奴“________”，并进行贸易往来。

3. 汉武帝时，国力强盛，对匈奴展开了军事反攻。公元前 121 年，________派霍去病两次率兵从河西进军，___________在河西的统治者休屠王，从此河西归入汉朝版图。汉武帝为了在河西地区进行直接统治，便设置了______________郡（今武威市）和_______郡（今酒泉市）。公元前 111 年，又设置了_______（今张掖市）、_______（今敦煌市西）两郡。史称“______”。河西四郡的设置，对开辟我国通行西域的走廊，开发河西，促进这一地区经济和文化的发展具有重要的意义。

4. 西汉初期，________占领河西，与居住在今青海省的西羌相接，他们联合起来，对汉王朝的西北地区形成包围之势。_________即位后，决定争取与_____各国结盟以孤立匈奴。公元前 138 年，汉武帝派_______出使西域。张骞经过河西走廊时，被匈奴截住，软禁了_____年。可张骞始终没有忘记自己汉使的身份，找机会逃出了匈奴。他历经各种艰辛到达______、_____等国，但没有得到他们结盟的许诺。张骞的使命落空了，但是张骞获得大量前所未有的______资料，也向各国介绍了汉朝的情况。

5. 公元前 119 年，张骞第____次出使西域。此时，_________已归汉朝管辖，因而张骞这次出使非常顺利，诸国也纷纷派使者回访。张骞以其亲身实践开通了中西陆路交通——“__________”，为中国和中亚各国及地区的政治、经济、文化交流开创了新纪元。

6. 张骞出使西域后，汉朝的使者、商人接踵西行，大量丝帛锦绣沿着通道不断西运；西域各国的珍奇异物也陆续输入中国。这条沟通中西交通的陆上要道，就是著称于后世的“________”。

7. ________________贯穿甘肃全境，其主干线在甘肃东西绵延长达 1 600 多千米，约占其全程总长度的五分之一。东西方文明在这里交融汇聚，西传东渐。

8. ____________是丝绸之路的咽喉地带，主要经过武威、永昌、山丹、张掖、酒泉、嘉峪关、玉门、敦煌。从敦煌分成______两道，南道出阳关进入_______，北道出玉门关进入___________，到达西域。

9. 崆峒山以___________________而闻名天下，为道源圣地。秦汉时，崆峒山已经是_____部的名山。公元前 220 年，________曾造访崆峒。公元前 112 年，汉武帝登崆峒，西临祖厉河而还。司马迁为编著《________》，也曾经西至崆峒山。

10. 河西设郡后，为了加强边防、开发河西，西汉政府多次向这里大规模_____。汉武帝时期，内地几十万人被迁移到河西和其他边远地区。_________的移民政策，一方面改变了河西地区人烟稀少的状况。另一方面对_________、防御匈奴入侵发挥了重大作用。迁移的百姓和军队都在此开荒种地，进行________，从事农业生产。屯田所收获的粮食，不仅解决了边防部队的给养，而且可供应来往于丝绸之路上的使者和客商。当内地发生灾荒时，还可调拨边郡屯田积谷以救内地之灾。屯田使得边郡粮库充足，汉王朝戍边的力量大大加强，边防得以巩固。

公元前111年，汉武帝为____________之患，维护西域交通，开始修筑在甘肃境内的长城，建烽燧亭障，同时还设置了______关、______关，成为丝绸之路南北两道门户，确保了河西地区的安宁和丝绸之路的畅通。汉长城的修建主要集中在河西地区，大体以酒泉和________为界，分为东、中、西三段。

11. 雷台汉墓位于武威市北关中路_________园内，是1969年当地农民在雷台老槐树下发现的一处东汉晚期的大型砖石墓葬。这个古墓出土了大量的文物珍宝和铸造精美的武装车马仪仗俑，包括铜人俑45个、铜车14辆、铜马39匹、铜牛1头，其中的__________最独特、最著名。

12. 秦汉时期的甘肃文化主要有：_____________、______________________，著名作家有王符，作品《潜夫论》，赵壹，作品《刺世疾邪赋》，书法家张芝，北宋《淳化阁帖》中收有他的《八月帖》等刻帖。

【拓展训练】

1. 什么是简牍？甘肃境内出土的简牍主要有哪些？

2. 古丝绸之路主要经过哪些地区和国家？

四、魏晋南北朝时期的甘肃

【知识精粹】

1. 曹魏和西晋时期的甘肃：220年，曹丕建立魏国，定都洛阳，定国号魏，史称曹魏。265年，司马炎废魏称帝，建立西晋。280年晋武帝灭吴，实现统一。311年，匈奴攻陷洛阳，俘虏晋怀帝，史称“永嘉之乱”。316年，西晋灭亡。次年，东晋在江南立国。

三国时期，甘肃的大部分地区属曹魏管辖，蜀汉主要据有陇南地区。诸葛亮六次北伐中涉及甘肃的主要有街亭之战、首阳之战、祁山之战等。曹魏政权对河西主要采取屯田戍守政策，大力推行农耕技术，促进商业贸易。

2. 南朝和北朝：420年，刘宋在南方建立，自刘宋开始，南方相继建立了宋、齐、梁、陈四个王朝，被史家称为“南朝”（420—589）。大约与南朝同一时期，我国北方先后出现少数民族建立的北魏、东魏、西魏、北齐和北周五个政权，史称“北朝”（386—581）。

南北朝时期是北方民族融合的重要时期。此时，甘肃属于北朝，在甘肃境内立国的主要有五凉、西秦和仇池国。河西先后经历过前凉、后凉、南凉、西凉、北凉五个割据政权。在此期间，河西的文化堪比中原，特别繁荣，成为西北文化的中心。在经学、史学、文学、儒学、佛学等方面颇有成果，对后来的魏、齐、隋、唐等朝代都产生了重大影响。

【巩固练习】

1. 三国时期，甘肃的大部分地区属______管辖。蜀汉在甘肃境内辖有武都郡、阴平郡，两郡辖区大部在今________地区。

2. 蜀国丞相诸葛亮为“___________________”，多次率兵北伐，在频繁的北伐战争中，出陇右以迂回向长安为常用策略。六次北伐中，涉及甘肃的主要有街亭之战、建威之战、首阳之战和祁山之战（当时属曹魏雍州天水郡西县，在今甘肃礼县东北）。最终诸葛亮__________没有获得成功。

3. 蜀国后期，_______掌握蜀国兵权，联络羌、氐等少数民族，率军继续北伐。在10多年的征战中，他先后七次出兵陇右，与魏军大战于_______、天水和洮河流域。263年，魏军攻入成都，_______灭亡。

4. 曹操在西北地区先后消灭关西十一部、张鲁等割据势力，占有______（泛指今甘肃六盘山以西，黄河以东一带）之地。待曹操去世，其子曹丕继位为______。220年（延康元年）曹丕代汉称帝，定都______，定国号魏，史称_______。魏文帝（曹丕）登基后不久，派遣军队在河西一带大破羌胡联军，曹魏的势力得以进入______地区。

5. 魏文帝派尹奉到_________担任太守，尹奉到任后，继续推行西汉以来的屯田戍守政策，保护___________，使河西的经济得到一定程度的发展。继尹奉之后，仓慈、皇甫隆等继任太守，在敦煌大力推行先进农耕技术，采取积极护商政策，使敦煌的商业贸易又得到进一步发展。

6. 265年，司马炎废魏称帝，建立________。280年，晋武帝灭_______，统一南北。311年，匈奴攻陷洛阳，俘虏晋怀帝，史称“__________”。之后中原王朝再度分裂，南方建立了东晋，北方进入十六国时期。其中，在甘肃境内立国的主要有五凉、西秦和仇池国。

7. 河西先后建立了前凉、后凉、南凉、西凉、北凉五个割据政权，史称“_____”。它们之所以称为“_______”，是因为东汉至魏晋时期，河西地区属于_____。

8. 五凉统治时期，河西的文化堪比中原，特别繁荣，成为当时__________文化的中心。由于统治者特别重视文教，尊崇儒学，提倡学术，出现了一批著名的学者，产生了引人注目的经学、史学、文学、儒学、佛学成果，许多作品被世人传颂，许多作者和著作被载入《___________》《魏书》《北史》《_____________》等。到了南北朝时期，河西的优秀文化成果传到中原和南方，对后来的魏、齐、隋、唐等朝代产生了重大影响。

9. 魏晋南北朝时期，匈奴、鲜卑、氐、羌、羯等民族纷纷建立了自己的政权。_____民族统治者学习________族先进的文化、制度、农耕技术等，并任用_____族人为官进行统治。双方的交往促进了民族同化和融合，主要表现在服饰、_______、制度、宗教、_________、舞蹈等方面。如《________》就是根据西域龟兹乐改编而成，风靡于北朝和隋唐。

10. 佛教在这一时期迅速传播和发展。十六国时期，五凉和西秦统治者信奉佛教，因而佛教在他们的倡导下发展迅速。除了在都城中建造大量佛教寺塔外，还大规模地开凿石窟，________。现保存在甘肃境内的_______，很多是此时期创建的。例如，敦煌石窟、________窟和_______石窟均保存有这一时期创作的艺术成果。这一时期的佛像特征是前期造像粗犷，气势雄浑，风格古朴，神态安静内敛；后期则面相较瘦，削肩体长，形象俊秀，风格飘逸。

【拓展训练】

1. 五凉政权是指哪些政权？他们建立者分别是谁？
2. “五凉”的文化成就主要体现在哪些方面？
3. 蜀魏在甘肃境内的征战主要有哪些？
4. 南北朝时期，民族融合进一步加强，具体表现在哪些方面？

五、隋唐时期的甘肃

【知识精粹】

1. 张掖互市：607 年（隋炀帝大业三年），隋炀帝派裴矩前往张掖开办互市，主持这里的对外贸易事宜。这就是“张掖互市”。

2. 隋炀帝西巡：609 年（大业五年）三月，隋炀帝亲自征讨吐谷浑，进行西巡。隋炀帝西巡具有积极意义，不仅打败了吐谷浑，解除了隋朝西北边境的威胁，而且保障了丝绸之路的畅通，促进了统一的多民族国家的发展。

3. 唐朝时期的甘肃经济：唐朝统治时期，统治者采取了因地制宜、农牧并举的开发方略，在河西推行屯田与和籴政策，并积极发展畜牧业。

4. 长庆会盟：821 年（唐穆宗长庆元年，吐蕃彝泰七年），唐朝和吐蕃双方各派使节，先在唐都长安盟誓，次年又在吐蕃逻些重盟。由于会盟发生在长庆年间，故称“长庆会盟”。

【巩固练习】

1. 隋代的河西、陇右是一个多民族聚居的地区，丝绸之路联系着隋朝与西域、中亚的众多国家，贸易开始繁荣，尤其是以______为中心的贸易活动。607 年（隋炀帝大业三年），隋炀帝派裴矩前往张掖开办互市，主持这里的对外贸易事宜。这就是“__________”。

2. 隋朝时，游牧于青海地区的少数民族_______经常袭击河西一带，对丝绸之路形成威胁。隋炀帝即位后，为确保________安全和______畅通，决定亲自征讨吐谷浑，进行西巡。609 年（隋炀帝大业五年）三月，隋炀帝由_______至__________，渡黄河进入_______。五月，到达今天的大通河，对吐谷浑发动进攻，降服吐谷浑主力 10 万余人。最后一直打到青海湖边，攻破吐谷浑都城，青海大部分地区和新疆南部均被纳入隋朝版图。六月，隋炀帝到达河西重镇张掖，在________下会见西域各国国王及使节。这标志着西域 27 国与隋王朝正式建立了政治上的臣属关系。

3. 隋炀帝统治时期，由于____________、___________，使得国家赋税徭役负担沉重，人民苦不堪言。到隋末，酿成全国性的反隋风暴。太原留守_________（陇西成纪人）乘势从太原起兵，攻占长安。618 年，李渊接受其所立的隋恭帝的禅让称帝，建立______，定都______。李渊登位后，逐步消灭各地割据势力，统一全国。

4. 到唐朝统治时期，统治者采取了因地制宜、___________的开发方略，在河西推行屯田与和_____政策，并积极发展畜牧业。所谓和籴是指政府向农民以略高于市价的方式强制购粮。和籴政策不仅使政府存储了大量的粮食，满足了军需，而且使农民得到实惠。唐朝的畜牧业主要是养马业。河西沿祁连山一带，山下水源丰富，腹地冬温夏凉，适宜放牧。唐代河西的武威、张掖、酒泉、敦煌等是贸易中心，而粮食贸易是_______________的主要内容。粮食贸易最主要的形式是____________，河西地区农民大都依靠向政府卖粮来增加经济收入。

5. 河西手工业产品和以_________为主的过境商品贸易是河西贸易繁荣的标志，这些贸易大都是与________进行的。在西突厥归降唐朝以后，中西贸易达到新的高度，中西贸易有官营、民间互市、地方机构参与等多种形式。

6. 吐蕃是_______祖先建立的一个王朝。7 世纪前期，___________做了吐蕃的赞普，统一了青藏高原，定都逻些（今_________）。唐朝前期，吐蕃与唐王朝保持着友好的关系。贞观时期，唐太宗将________嫁与松赞干布，大批精美的手工艺品和多种生产技术、医药书籍进入吐蕃，大大促进了吐蕃经济、文化的发展。双方在一段时间内保持着和睦共处关系。

7. 755 年（唐玄宗天宝十四年），_________爆发后，唐王朝被迫将防御_______的边军调往内地参加平叛战争。吐蕃则乘虚而入，逐步蚕食河湟及陇右的广大地区。763 年（唐代宗广德元年），吐蕃大举向关中进犯，一度攻陷了唐王朝的首都长安。在唐朝军民的英勇反击下，吐蕃军队被迫撤出关中，又掉转矛头向______发动进攻，先后占领了凉州（今武威）、甘州（今张掖）、肃州（今酒泉）、瓜州（今甘肃河西走廊西端，隶属酒泉市），整个河西只剩下沙州（今敦煌）一座孤城。786 年（唐德宗贞元二年），_______失陷，河陇地区处于吐蕃的统治之下。

8. 821 年（唐穆宗长庆元年，吐蕃彝泰七年），唐朝和吐蕃双方各派使节，先在唐朝都城长安盟誓，次年又在吐蕃逻些重盟。由于会盟发在长庆年间，故称“__________”。

9. 848 年（唐宣宗大中二年），沙州人________________率众起义，唐人群起响应，很快占领沙州。接着，张议潮又收复了瓜、伊、西、甘、肃、兰、鄯、河、岷、廓（以上地区在今甘肃、新疆、青海境内）等十州。851 年（唐宣宗大中五年），________________遣其兄张议潭奉沙、瓜等十一州______入朝，唐宣宗在沙州置归义军，以张议潮为节度使，______________归附于唐朝。

10. _________源于印度，于西汉末年沿丝绸之路传入我国。魏晋南北朝时期，由于统治者崇奉_______，信佛的人越来越多。到隋唐时期，佛教得到了更为广泛的传播。工匠们从河西到陇东，沿途在山崖或岩洞里绘制彩色壁画，雕塑形态各异的佛像。这些艺术反映了唐朝的社会文化生活，具有很高的艺术欣赏价值和历史研究价值。_____________、麦积山石窟中的很多佛像和______就是这一时期所创。

11. 莫高窟，俗称_______，坐落在甘肃敦煌的鸣沙山崖壁上，有一千多个洞窟，里面塑造了神态各异的佛像，绘制了金碧辉煌的_____。其中，隋唐时的洞窟占十分之六七，最精美的佛像和壁画，大都是这个时期的作品。1987 年，___________被列为世界文化遗产。

12. _________石窟是甘肃境内仅次于莫高窟的另一大石窟，坐落在天水东南的小陇山中，因___________________________________而得名。麦积山石窟艺术的主体是____________。2014 年 6 月 22 日，麦积山石窟作为中国、哈萨克斯坦和吉尔吉斯斯坦三国联合申遗的“丝绸之路：长安-天山廊道的路网”中的一处遗址点成功列入《____________》。麦积山石窟雕塑数量很多，造像万千，魏晋南北朝时期佛像特征为“____”；隋唐朝时期佛像的特征为“____”。

13. 唐朝时期，随着中外经济文化交流的不断发展，许多信仰__________的阿拉伯、波斯商人，沿着丝绸之路来到中国，进行贸易和政治、文化活动。其中一些人久居不归，在甘肃和国内其他地方定居下来，有的还担任了官职。他们把自己的生活习俗、宗教信仰带到了中国，成为我国最早的__________。

14. 回鹘原名回纥，是______族的祖先。7 世纪初，________在色楞格河一带逐水草而居，受________国奴役。745 年（唐玄宗天宝四年），东突厥灭亡后，回纥南移，归附唐朝。随着经济的发展，一部分回纥贵族开始建筑宫室、城邑，逐步定居下来。8 世纪后期，回纥改名回鹘。9 世纪中期，回鹘政权瓦解后，一支回鹘迁到敦煌、酒泉、张掖、武威一带，被称为___________，并建立了甘州回鹘政权。

15. 李益（约 750—830），唐代诗人，字君虞，陇西姑臧（今甘肃武威）人，后迁河南洛阳。他在边塞生活了 18 年，对边塞人民的生活非常熟悉，因而非常擅长____________，被称为“边塞诗人”。

16. 李朝威写的《____________》，构思奇特，情节曲折，笔调优美，是唐传奇的代表作之一。李白（701—762），字太白，号青莲居士，又号“谪仙人”，汉族，祖籍陇西成纪（今甘肃天水市秦安县），是唐代伟大的浪漫主义诗人，被后人誉为“__________”。

【拓展训练】

1. 隋炀帝西巡的历史意义是什么？
2. 什么是和籴？
3. 简述“长庆会盟”。
4. 为什么甘肃被誉为“中国石窟艺术之乡”？

六、宋元时期甘肃局势的变化

【知识精粹】

1. 西夏对河西的统治：10 世纪至 14 世纪中期，是我国五代、辽、宋、夏、金、元时期。1038 年，党项族首领李元昊称帝建国，定国号为“大夏”，都城设在兴庆，史称西夏。

2. 北宋在陇右的开拓：北宋派范仲淹、韩琦主持西北防务，加强对西夏的军事防御。西夏对北宋发动了两次大规模的战事，分别是好水川之战和定川寨之战。夏宋双方在 1044 年签订了和议，史称“庆历和议”。1074 年，王韶建议在熙河实行茶马互市。

3. 凉州会盟：1229 年，窝阔台继承蒙古汗位，阔端入驻凉州。在阔端驻守河西时期，曾以王子的身份代表蒙古王室同吐蕃萨迦派的宗教领袖、著名的吐蕃萨班进行了有重大历史意义的凉州会晤。

4. 元朝的建立：1271 年，忽必烈建国号为大元。

5. 甘肃行省的设立：忽必烈为巩固对西北的全面统治，1261 年在甘肃设立行中书省，这是中国历史上第一次出现甘肃省的行政区划。

【巩固练习】

1. ________是羌族的一支，唐朝时迁居甘肃东部及陕西北部。唐朝末年，党项族首领拓跋思恭因镇压黄巢起义有功被唐帝封为夏州节度使，赐姓李。1038 年，党项族首领________称帝建国，定国号为“大夏”，都城设在兴庆。由于夏在宋的西北，故史称西夏。政治上，设置了西凉府（原凉州）、宣化府（原甘州）、番和郡（原肃州）、瓜州、沙州，在黄河东岸设置会州（今靖远县），加强行政管辖。军事上，设置________。监军司是西夏地方军的驻扎地，是具有军事和地方行政双重性质的军区建制。经济上，__________。北宋建立初期，无暇顾及西北，而西夏统治者为了争夺土地，扩张势力，经常向宋朝边境发动战争。北宋派范仲淹、韩琦主持西北防务，加强对西夏的军事防御。

2. 范仲淹在陕西府__________，在鄜延一带修建了承平、永平等多个堡寨，以防守西夏的进攻。在此基础上，他又在今天的庆阳、华池等地兴建大顺城等作为宋军进退的据点。夏宋双方在 1044 年签订了和议，史称“__________”。和议规定：西夏向宋称臣，宋“岁赐”绢、银、茶等物品给夏。至此，宋夏之争告一段落。

3. 北宋中期，统治集团面临着严重的社会危机：________，机构臃肿，________。宋神宗即位后，________向朝廷提出开拓熙河的主张，他认为要制服西夏，应当首先收复熙河（现在甘肃的临洮、临夏）。他的主张得到了宋神宗和宰相王安石的支持。北宋政府任用王韶收复了熙河地区，史称“__________”。

4. 宋朝同周边的西夏、辽、金等少数民族政权进行激烈地战斗时，蒙古草原上又兴起了一个民族——________。至 13 世纪初，蒙古族的优秀部落首领________，经过十多年的战争，打败了周围各部，统一了蒙古草原，蒙古贵族推举他为大汗，尊称________。蒙古于 1227 年攻灭西夏，占有了________的辽阔土地，并把这里作为一个西征、南伐的基地。凉州会谈结束后，萨班随即向吐蕃各派发布了著名的《____________》。

5. 1271 年，________在建立起自己的政治统治之后，仿效中原汉族封建王朝的传统，正式建国号为大元。从此，大蒙古国的称号就为元朝所取代。1276 年，元军占领南宋都城临安，中国历史上出现了前所未有的幅员辽阔、多民族统一的国家。元朝政府十分重视对甘肃的统治，从__________________等方面采取了多种措施，以促进甘肃的发展。

6. 1281 年，“________________”正式设置，简称“甘肃行省”，是取甘州、肃州两州的首字而得名的，首府设在甘州。1295 年后，甘肃行省的辖境相当于今天甘肃黄河以西、宁夏大部、青海黄河以北、岷山以东和内蒙古西部等地区，与现在的甘肃行政区划差异很大。

7. 唐朝以来不少信仰__________教的波斯人迁入中国，成为我国最早的穆斯林。元朝统一后，他们被安置在甘肃的________、________以及国内其他地区，从事畜牧业和农业生产或商业贸易。这些人和唐宋时期定居中国的阿拉伯、波斯人的后裔，与当地其他民族长期共同生活、劳动。他们保持了自己的生活习惯和宗教信仰，形成了新的民族——________。元代中后期，甘肃回族形成。

8. 11 世纪前期，甘州回鹘政权亡于西夏，回鹘各部离散，主体部分迁到嘉峪关外，在敦煌以南至若羌之间游牧，史称“________”。13 世纪的元代，他们被称为“__________”部。明朝统治时期，到达今天的肃南和酒泉黄泥堡一带定居下来，成为后来________族的祖先。

9. 蒙元时期，蒙古大军发动了大规模的西征。河州（今甘肃临夏）地区是蒙古军的屯戍要地，有许多蒙古军队驻扎，这些军队内部有不少来自中亚各地的“色目人”和工匠，他们由蒙古军官统领，组成“__________”。在回师西北后，其中一支屯驻于河州的______地区。这些人是后来东乡族的祖先。

10. 宋元时期，陇籍作者及外籍作者吟咏甘肃的诗词作品是甘肃历史、文化的生动反映。这一时期，著名的陇籍作者有：邓千江，临洮府（今属甘肃临洮县）人，著有名作《______》；余阙（1303—1358），著有《____________》。

11. 碑志文是刻在石碑上的各种文辞的总称。其中《凉州重修护国寺感通塔碑》《黑水河桥敕令碑》《______________________》是其代表性作品。

12. 宋元时期，地处丝绸之路的甘肃，由于境内众多民族的相互融合，音乐、舞蹈丰富多彩。西夏统治的甘肃敦煌地区，人们已使用古琴、筝、琵琶、笙、笛、铜钹、腰鼓、拍板等乐器进行演奏，这可以从敦煌莫高窟西夏窟的伎乐图壁画中看出。这一时期，说唱音乐也在西夏统治的河西地区开始流行，其中最有名的是西夏《______________》。

【拓展训练】

1. 西夏统治者对河西的经营包括哪些内容？

2. 南宋秦陇军民的抗金斗争有何重要意义？

七、明清时期的甘肃

【知识精粹】

1. 明军攻占甘肃：1368 年，明朝大将军徐达攻克大都（今北京市），元顺帝北走，元朝灭亡。1369 年，明军先后攻取了临洮和庆阳，并在沈儿峪彻底击败元军残余主力。

2. 明末农民起义：1644 年，李自成攻占北京后，驻守山海关的明将吴三桂降清，清兵入关，进占北京。

3. 砂田、“漫灌”和水车的运用：清朝前期，甘肃人民辛勤劳动，在劳动中创作了砂田法，发明了“漫灌”的灌溉方式，并改进了水车技术，大大增加了耕地面积，提高了粮食产量。

4. 手工业的发展：明清时期，甘肃手工业有了较大发展，比较著名的手工行业有兰州的毛褐（兽毛或粗麻制成的短衣）纺织业、肃州的玉器制造业和洮州的石砚制造业。

【巩固练习】

1. 1368 年 8 月，明朝大将军_______攻克大都（今北京市），元顺帝北走，______朝灭亡。当时，甘肃境内的主要势力有驻扎在定西一带的扩廓帖木儿和退守庆阳、临洮等地的李思齐、张思道。1369 年，明军先后攻取了临洮和庆阳，并在沈儿峪（今定西市巉口一带）彻底击败元军残余主力。随即，明军沿河西走廊向西进攻，先后攻占甘州、肃州、额济纳、瓜州等地。至此，甘肃彻底归明政府管辖。为了加强对甘肃的统治，明王朝专派_______亲赴甘肃进行管理，强化_____________统治。

2. 为了抵御元政权残余势力的进攻，明朝统治者决定____________以加强甘肃地区的防务。明代在北方沿边地区陆续设置了九个边镇，每镇管辖区内都筑有边墙。其中，甘肃镇所辖边墙全部在甘肃境内，固原镇、宁夏镇所辖边墙部分在甘肃境内。明长城由城墙、关城、城堡、墙台、烟墩和驿站等组成，墙体高而坚固，攻守更加严密。

3. 1372 年，明代征西大将军_____奉命追歼元朝在河西的残余势力，占领河西之后，选择在嘉峪山西麓的“九眼泉”西北坡上修筑关城，这是嘉峪关建关的开始。

4. 为了保证当地驻军军需物资（军粮和战马）的充足供应，明政府在甘肃地区大力推行屯田和____________。

5. 明朝末年，天灾不断，统治者的掠夺给广大人民造成了极大的灾难。1627 年，饥民______在陕北首先起义，揭开了明末农民起义的序幕。紧接着，甘肃阶州（今陇南市）、庆阳和河西地区也相继爆发饥民和边兵起义。

6. __________是明末农民起义军的主要首领，多次率起义军到甘肃活动。1643 年，李自成率起义军占据了庄浪（今永登县）、凉州，兰州官军在起义大军压境下投降。农民军随后又攻克了甘州，随之肃州、山丹、永昌等地皆降。同年底，起义军占领了整个甘肃，明朝在甘肃的统治彻底崩溃。

7. 清朝初年，清朝统治者将全国分为 18 个行省，在陕西省设左、右布政使司，右布政使司驻巩昌（今陇西），下辖________、平凉、巩昌、_______四府。1667 年，改陕西右布政使司为巩昌布政使司。1669 年，又改巩昌布政使司为甘肃布政使司，同时将治所从巩昌移至兰州，甘肃恢复建省。清朝的甘肃辖区包括甘肃、__________全部和________的一部分。

8. 清朝前期，统治者积极采取鼓励_________的政策，发展农业。_______是甘肃人民为了战胜旱灾，改造自然，在全国独创的一种旱地耕作法。其具体耕作方式是将耕地翻整压平后，在地表铺盖一层卵石夹粗砂，以保持土壤水分和地温，防止水土流失。到清代中期，砂田耕作法已得到普遍推广。“_________”方式对解决甘肃地区缺水的问题也非常有效。由于兰州黄河两岸地势多高出水面 3 ~ 4 米，难以开渠引水，所以当地人民就以自己的勤劳智慧，广泛制造和使用______（兰州水车）。水车自明代中叶以来已用于灌溉耕地，到清朝时期，水车有了很大改进，提高了灌溉效率，故已广泛使用。

9. 明清时期，甘肃手工业有了较大发展，比较著名的手工行业有兰州的________（兽毛或粗麻制成的短衣）纺织业、肃州的_________和洮州的____________。

10. _______族是信仰伊斯兰教的色目人融合其他民族发展而成的民族。保安族的宗教信仰与回族相同，生活习俗与_____族相近。他们的先辈是元代的屯垦士兵，成为边民后聚居在青海的同仁地区。约在明代时，保安族形成，称为“________”。1952 年正式命名为保安族，现在主要聚居在积石山保安族东乡族撒拉族自治县。

11. 清朝政府出于多种原因的考虑，大力支持藏传佛教的发展。因此，甘肃藏传佛教得以继续发展。1709 年，拉卜楞寺开始修建，“_______”的意思是佛宫所在地。拉卜楞寺位列格鲁教派六大寺院之一，在全国藏传佛教寺院中享有很高的声誉。拉卜楞寺位于甘肃省甘南藏族自治州的夏河县城西，占地面积约 86 万平方米。寺内有尼泊尔工匠铸塑的 2 米高的无量光佛鎏金佛像，有用金银汁书写的稀世珍宝《__________》，还有 200 多卷的佛教大百科全书《__________》等。

【拓展训练】

1. 简述明代长城的特点。
2. 明朝统治者为加强对甘肃的统治，采取了哪些措施？
3. 清朝统治时期，甘肃比较著名的手工业有哪些？
4. 甘肃地区的少数民族有哪些？

第二节　甘肃近代史

一、晚清时期的甘肃

【知识精粹】

1. 甘肃禁烟：晚清时期（1840—1911），是从第一次鸦片战争到辛亥革命爆发之前。1846 年初，林则徐任陕甘总督，开始严禁吸食鸦片，禁止鸦片从外省输入甘肃。

2. 左宗棠在甘肃的洋务活动：第二次鸦片战争后，清政府支持洋务派“师夷长技以制夷”的主张，创办了一批近代军事工业和民用工业。陕甘总督左宗棠在甘肃创办兰州制造局、兰州织呢局，标志着甘肃近代机器工业的开端。

3. 公车上书和甘肃举人：1894 年 7 月，甲午战争爆发，中国败于日本。1895 年 4 月，日本逼迫清政府签《马关条约》。正在北京应试的各省举人在康有为的领导下，发动了著名的“公车上书”运动。

4. 清末甘肃“新政”：《辛丑条约》签订之后，清政府希望推行“新政”来挽救危机。为执行清政府的“新政”，甘肃地方政府以兰州地区为主，在全省各地兴办了一批实业。

【巩固练习】

1. 第一次鸦片战争后，鸦片被源源不断地运到甘肃，当地人民甚至开始种植鸦片，尤其是________、_________一带，种植鸦片非常普遍。当时，________、古浪成为产鸦片最多的地方。

2. 1846 年初，________任陕甘总督时，开始严禁吸食鸦片，禁止鸦片从外省输入甘肃。在各级官员和人民群众的努力下，甘肃吸食者逐渐减少，禁烟政策在甘肃颇见成效，________也被本省人民所称颂。

3. 1840 年 6 月，________战争开始。陕甘总督从西宁、循化、固原、河州等营中选调精兵 2 000 人，命甘肃河州将领________统率奔赴浙江前线参战。朱贵先后参加防守浙江慈溪和江苏乍浦、松江的战役。在慈溪大宝山之战中，朱贵和部分将士壮烈牺牲。

4. 陕甘总督_______在甘肃主要创办了__________、__________，标志着甘肃近代机器工业的开端。

5. 1894 年 7 月，_________爆发，中国败于日本。1895 年 4 月，日本逼迫清政府签署《________》。该消息传到北京后，正在北京应试的各省举人 1 300 多人在康有为的领导下，发动了著名的"公车上书"运动，要求清政府"拒和、迁都、练兵、变法"。在这次公车上书活动中，甘肃举人不仅积极参与，在请愿书上签名，而且还单独联名写了《甘肃举人呈请废〈马关条约〉文》，呈文的起草者就是甘肃武威籍爱国志士_______。

6. 1908 年 3 月至 1909 年 7 月，__________雇用德国泰来洋行承修黄河铁桥，由美国桥梁公司施工。在兰州城北门外镇远浮桥原址，建造了黄河上第一座近现代风格的铁桥——________________。

7. 为了培养甘肃自己的近代技术人才，1906 年，农工商矿总局又开办了甘肃中等______学堂和______学堂，学生全部官费。这是甘肃最早的具有近代技术课程的中等专业技术学校。

【拓展训练】

1. 标志着甘肃近代机器工业开端的事件是什么？
2. 清末甘肃新政有哪些措施？
3. 兰州黄河铁桥修建的意义是什么？

二、辛亥革命以后的甘肃

【知识精粹】

1. 秦州起义及甘肃临时军政府的成立：1911 年 10 月 10 日，武昌起义的枪声拉开了辛亥革命的序幕。1912 年 3 月 11 日，同盟会员、原清军统领黄钺在秦州正式宣布起义，并在秦州各界人士支持下，宣布成立甘肃临时军政府。

2. 甘肃的"护法运动"：1917 年 7 月，为捍卫辛亥革命成果，孙中山先生领导革命志士开始了护法运动。甘肃的革命人士和进步知识分子积极响应配合，并与盘踞在甘肃的北洋军阀张光建展开了斗争。

3. 五四运动对甘肃的影响：1919 年 5 月 4 日，五四运动爆发。五四运动不仅是一次彻底的反帝反封建的爱国主义运动，而且是一次彻底的反封建的新文化运动。五四运动对甘肃的社会发展和思想进步，特别是促进爱国青年的觉醒产生了巨大的影响。

4. 国民军的成立：1924 年 9 月，第二次直奉战争爆发。10 月 22 日，直系军阀将领冯玉祥从前线返回北京，囚禁总统曹锟，推翻直系控制的北京政权，这就是“北京政变”。

【巩固练习】

1. 武昌起义后，陕西宣告独立，但甘肃政权仍然被清朝贵族把持着，前后两任陕甘总督___________、___________都是封建体制的忠实护道者。同盟会员、原清军统领______于 3 月 11 日在秦州正式宣布起义，并在秦州各界人士支持下，宣布成立甘肃临时军政府。3 月 15 日，袁世凯任命_______为署理甘肃都督，成立甘肃军政府，陕甘总督被废除。由于秦州起义和甘肃临时军政府没有明确的革命理论作指导，起义中未能发动群众，在封建势力的多重压力和袁世凯的逼迫下，做出了妥协。最终，黄钺宣布取消独立，解散________________。

2. 1917 年 7 月，段祺瑞把持的北洋政府废弃《______________》，企图彻底否定共和。甘肃护法运动的主要领导者和组织者是甘肃省公立法政学校校长_______，教员赵学普、杨希尧，学生师世昌和临洮新建右军中的青年军官焦桐琴、郑瑞青、胡登云等。________是这场运动的主要发起人和总负责人。这次护法起义因泄露机密而失败，但它在一定程度上打击了封建军阀的势力，起到了唤起民众的作用。

3. 1919 年 5 月 4 日，________运动爆发。在北京的甘肃籍学生邓春膏、王自治、王和生等数十人参加了五四运动。事后，他们纷纷写信、寄传单，向故乡人民转告，五四运动的精神迅速扩展到甘肃。不久，兰州中等学校的爱国学生便在校内外举行演讲宣传，抵制日货，游行示威，要求北洋军阀政府废除《二十一条》，拒签《巴黎和约》。甘肃督军兼省长_______悍然出动军警镇压，驱散了爱国学生的游行示威队伍。但五四运动对甘肃的社会发展和思想进步，特别是促进爱国青年的觉醒产生了巨大的影响。

4. 1919 年 5 月，甘肃教育会会长______等人在兰州创办了______，这是五四运动时期在甘肃最先开办的书店。它以销售商务印书馆的科技读本、科教书及普通文化教育用品为主，还销售一些进步书刊，其中最著名的是《__________》。1920 年 3 月，在北京大学的甘肃学生张明道等人成立了“__________”。

5. 1925 年 9 月，甘肃政局发生了重大变化，甘肃军务督办兼省长、甘肃陆军第一师师长________中风卧床，其部下李长清发动兵变，强迫_______交出甘肃陆军第一师大印，自任师长。北京段祺瑞政府任命冯玉祥为西北边防督办兼甘肃军务督办前往镇压，冯玉祥遂派国民军第二师师长_______率所部入甘。10 月中旬，________部到达兰州，代理甘肃军务督办。______部进入兰州后，国民军势力只限兰州一隅，其他地方的军阀仍然拥兵自立。为统一全省军政大权，________________________。

6. 1932 年初，受南京国民政府委派，__________前往甘肃担任省政府主席，甘肃自此进入国民党统治时期。

【拓展训练】

1. 甘肃护法运动成功了吗？有什么重要意义？

2. 五四运动对甘肃的影响有哪些？

3. 国军入甘的历史背景是什么？

三、共产党领导下甘肃革命力量的发展

【知识精粹】

1. 甘肃最早的中国共产党员：1924 年，张一悟加入中国共产党，成为甘肃最早的共产党员。

2. 南梁苏维埃政府的成立：1934 年 11 月 4 日至 6 日，陕甘边区工农兵代表大会在南梁荔园堡召开，选举成立了陕甘边区苏维埃政府。

3. 红军长征过甘肃：1933 年 9 月，国民党对革命根据地发动了第五次大规模军事“围剿”。1934 年 10 月，中共中央和红军总部从瑞金出发开始了二万五千里长征。1936 年 10 月，红军一、二、四方面军胜利会师。

4. 八路军驻兰州办事处和中共甘肃工委：1937 年 7 月 7 日，日本帝国主义制造了卢沟桥事变，发动了全面侵略中国的战争。抗战时期，中共甘肃工委和“八办”相互配合，通过各种渠道在工人、城市劳动群众、知识分子和青年学生中组织抗日团体，开展抗日救亡运动。

【巩固练习】

1. 五四运动以后，许多在外地学习的甘肃籍学生，受马克思主义思想的影响，回到家乡开展革命活动。1924 年，________加入中国共产党，成为甘肃最早的共产党员。

2. 1925 年 10 月，国民军进入兰州。在国民军中开展政治工作的共产党员宣侠父、______________等随军来到兰州，他们很快便与张一悟取得了联系。1925 年 12 月，________________在兰州成立。__________任支部书记，宣侠父、钱清泉为支部委员。这个特别支部是甘肃最早的中国共产党组织。

3. 1927 年 8 月 7 日，中共中央召开紧急会议，确定了实行土地革命和武装反抗国民党反动派的总方针。为贯彻_________精神，中共陕西省委派出一批共产党员打入陕甘宁各省的地方武装和国民党驻军，从事兵运工作，“____________”。从 1932 年 4 月到 1933 年 4 月，中国共产党先后在甘肃各地国民党驻军中发动了 10 多次________。

4. 为加强对______、________、_______三省武装斗争的领导，1932 年 11 月，中共陕西省委按照中共中央创建陕甘新苏区的决议，派吴鸿宾、王建三到兰州组建甘宁青特区委员会。12 月，__________在兰州成立。

5. 1934 年 11 月 4 日至 6 日，陕甘边区工农兵代表大会在______荔园堡召开，选举成立了_________（亦称南梁苏维埃政府，习仲勋任主席）、陕甘边区革命军事委员会（刘志丹任主席）和_________（朱志清任总指挥），并通过了关于政治、土地、军事、财政、粮食等决议案。

6. 1935 年 9 月，__________进入腊子口地区，通过正面强攻与攀登悬崖峭壁迂回包抄的战术，经过浴血奋战，一举攻破了鲁大昌部和邓秀廷部据险扼守的腊子口天险，______________________通道。聂荣臻元帅曾对此评论说：“腊子口一战，北上的通道打开了。如果腊子口打不开，无论军事上、政治上，都会处于进退失据的境地。”

7. 1935 年 9 月 18 日，由________率领的中国工农红军一方面军突破天险腊子口后，于 9 月 20 日到达______，在此驻扎了 7 天，并召开了中央领导人紧急会议和团以上干部会议。会上，毛泽东作了《关于形势和任务的政治报告》，第一次明确提出“_______”，作出了把长征落脚点放在陕北的重大决策。因此，哈达铺是红军长征途中名副其实的“加油站”，也是决定中国工农红军长征命运的重要决策地。

8. 1936 年 10 月，红军一、二、四方面军先后在静宁县界石铺和会宁县青江驿、会宁县城、靖远县打拉池（今属白银市平川区）等地胜利会师，这就是著名的中国工农红军_________。

9. 1936 年 10 月下旬，奉中共中央命令，陈昌浩、徐向前率领红军两万多人，组成西路军，从靖远县________（河包口）渡过黄河西征。西路军浴血转战河西走廊，牺牲很大。1937 年 1 月，西路军红五军在河西高台被西北军阀________重兵包围，红五军血战七昼夜，军长_________和将士 3 000 多人壮烈牺牲。红九军和红十三军在临泽________一带坚持战斗 1 个多月，歼敌数千人，红军最后也仅剩 1 000 多人。1937 年 5 月，突出重围的 420 余人到达新疆。

10. 1937 年，中国工农红军改编为国民革命军第八路军（第十八集团军），并在全国很多地方设立了办事处。_____________办事处于 1937 年 5 月设立，1943 年撤销。抗战时期，“八办”在党代表谢觉哉，处长彭加伦、伍修全领导下，坚定执行党的抗日民族统一战线政策，营救被俘及流落的红西路军将士，接待党的过往人员，输送进步青年奔赴延安和抗战前线，转运苏联援华物资，同中共甘肃工委一道开展抗日工作。

11. 1937 年 10 月 26 日，甘肃工委在_____正式成立（时称兰州工委）。该组织在“八办”的支持帮助下，积极发展共产党员，推动了甘肃_______的发展。

【拓展训练】

1. 甘肃最早的共产党组织叫什么？它是在什么背景下成立的？

2. 红军长征过甘肃，具体经过了哪些地区？

四、国民党在甘肃的统治

【知识精粹】

兰州事变：1936年12月12日，西安事变发生，当晚张学良即派飞机送手令到兰州，下令全城戒严，派五十一军向中央军等发起了进攻，解除其武装，然后在兰州各大学、中学成立抗日救亡联合会，并在街头张贴标语，宣传“八项主张”及抗日救亡的意义。这被称为“兰州事变”。

【巩固练习】

1. 1935年6月，张学良方面的五十一军军长________任甘肃省政府主席。当时兰州的形势很复杂，蒋介石对日寇妥协退让，使军兵深恶痛绝。1936年12月12日，__________发生，当晚张学良即派飞机送手令到兰州，下令全城戒严，派五十一军向_______等发起进攻，然后在兰州各大学、中学成立抗日救亡联合会，并在街头张贴标语，宣传“八项主张”及抗日救亡的意义。这被称为“_________”，它成功壮大了“西安事变”的声势。

2. 1937年11月5日到1941年10月4日，日军轰炸了_________、皋兰、固原、______、永昌等10多个县区。兰州军民同日本侵略者展开了殊死空战，有力地保卫了兰州，保证了战略物资的空中运输线。全面抗战爆发后，国民政府策划了规模巨大的__________，在中国西部地区建立了新的国防工业基础，使甘肃成为____________________。

3. 当时国民党政府对甘肃的建设措施主要有：_________，振兴工业经济；兴修农田水利，发展农、林、畜牧业；_______，便利运输事业；_____________，开拓金融市场；__________，培养人才等。在各方面努力下，甘肃经济出现了短暂的繁荣。

4. 抗战时期，外援物资除了通过安南、滇缅两条公路可运入国内外，还有西北的甘新公路，每月有上千吨苏联援华物资沿此路运到兰州，再向中国腹地周转。在兰州，政府设立了_________、甘肃省驿运管理处，组建汽车、人力、畜力等各种运输队。甘肃还组建了________，沿黄河顺流而下向宁夏、绥远等地的抗日部队运送物资、弹药。

5. 1943年初，因不堪忍受国民党的各种横征暴敛，甘肃南部广大地区爆发汉、回、藏、东乡等民族农民起义，抗丁、抗粮、抗捐，史称“_____________”。短时间内，起义军发展到10万之众，活动于陇中和甘南地区20余县，波及兰州。

6. 1949年春，国民党甘肃省当局巧立名目，企图发行300万银圆的“建设公债”，搜刮民财。消息传出，舆论哗然，群情愤慨，激发了________________。

7. 1949年8月下旬，人民解放军第一野战军由______指挥，从东、南、西三面包围兰州。_____日发起总攻，经过激烈战斗，解放军在黄昏前攻占皋兰山各主要阵地，火力封锁黄河铁桥，截断敌军退路，随即攻入城区。26日上午10时，攻占城北高地白塔山，________结束。这次战役中，人民解放军歼灭了国民党当时在西北战斗力最强的_______部主力。从此，甘肃全境国民党军土崩瓦解，丧失了组织任何抵抗的能力。兰州战役成为解放西北的最后一次大战役。兰州战役的胜利使西北国民党军队损失大半，战力锐减，为西北全境解放扫平了道路，奠定了基础。

8. 1949 年 9 月 24 日，国民党河西警备总司令________领衔通电，国民党军 3.8 万余人在酒泉宣布起义，遵从人民解放军的整编。随后，中国人民解放军又解放了玉门、金塔、安西、敦煌等地，中国人民解放军河西千里追击战胜利结束。到 12 月底，______________________________推翻。

【拓展训练】

1. 列举甘肃人民对抗战胜利所做出的贡献。
2. 简述兰州战役的意义。

五、近代甘肃的教育、科技和文化

【知识精粹】

1901 年（清光绪二十七年），清政府颁布“兴学诏书”，谕令全国进行学制改革，建立学堂教育制度。学制改革揭开了甘肃教育改革的序幕。从光绪年间到辛亥革命，机械制造业、冶炼技术和地质勘探技术等被先后引进甘肃。

【巩固练习】

1. 清光绪二十七年（1901 年），清政府颁布“_________”，谕令全国进行学制改革，建立学堂教育制度。学制改革揭开了甘肃教育制度改革的序幕。

2. 从光绪年间到________，机械制造业、冶炼技术、印刷技术、地质勘探技术等被先后引进甘肃。这期间____________和________成立，分别从事武器制造和机器毛纺织。

3. 1932 年，朱允明在中央气象研究所学习气象测候技术回来后，在兰州成立了第一个科研院所——“______________”。1939 年 8 月 11 日，________油田第一口油井成功出油，拉开了_______油田开发的序幕。

4. 抗日战争爆发后，甘肃成了抗战大后方，东北、华北部分高等院校、工厂迁到甘肃，促进了甘肃科技的大发展。这一时期，甘肃的工业体系得到了初步建立，农业产业发展有了明显的进步。1942 年，玉门油矿开始生产 ______、煤油、白蜡等四种石油产品；1944 年，在天水________修建水力发电站，这是甘肃工业能源技术的一大进步；1944 年，美国副总统华莱士来华访问，带来“蜜露”甜瓜种子，在甘肃得到了广泛种植，被称为“_________”。

5. 敦煌________窟位于甘肃省敦煌市东南约 25 千米的鸣沙山麓，民国以前，地方政府对石窟文物的保护并不重视，只是由宗教人员予以守护。1900 年农历五月二十六日，莫高窟道士________在 17 号洞窟的夹壁内发现了一个高约 1.6 米、宽约 2.7 米的长方形复室，里面堆积了大量金器、书卷、字画、文献、绢画、刺绣和法器等文物，还有用古藏文、回鹘文、于阗文和龟兹文等极为罕见的文字写成的社会文书。这就是震惊世界、后被称为“__________”的石窟。藏经洞文物被发现后，当地将此事上报朝廷，但当时列强正加紧瓜分中国，清王朝无暇顾及，只下令将文物就地封存。莫高窟发现大量无价之宝的消息不胫而走，外国不法分子以冒险家、旅游者的身份纷至沓来，先有英籍匈牙利人_________，他从王道士那里骗走了文献 24 箱、绢画 5 箱和其他贵重文物若干，二次窜入我国西北地区时又从敦煌盗走 570 卷文物。继之而来的是法国人________，他非法运走的文物足足装满了十辆马车。稍后到达的还有日本人吉川小一郎、大谷光瑞、俄国人奥登堡、德国人阿尔贝特·冯·勒柯克、瑞典人斯文·赫定和美国人华尔纳等。他们都用行骗手段从敦煌运走成千上万件珍贵文物。仅敦煌遗书一项，流散在国外的就有 33 800 多件，其中占有最多的是俄罗斯、英国、法国和日本，仅______一国所存敦煌珍宝件数（19 000 余件）就超过了目前在我国已知的数量。

6. 王权（1822—1905），字心如，号笠云，甘肃伏羌（今甘谷县）人。他的代表作《________》作于两次鸦片战争后中华民族危机日益加深之时，表达了对外敌欺凌和清朝软弱统治的愤慨。任其昌（1831—1900），字士言，甘肃秦州（今天水市）人。他的代表作《______》描述了连年旱蝗灾害下，甘肃农村“十室九无烟”“千里桑田皆赤地”“饿殍在野兽食人”的悲惨景象。安维峻（1854—1925），主持编纂了《____________》，有字画传世。刘尔炘（1865—1931），字又宽，号果斋、五泉山人，甘肃兰州人。他所撰白话楹联，颇为世重。他还擅长书法，晚年习画，以梅、兰见长。慕寿祺（1875—1948），字子介，号少堂，镇原人，毕生研究西北史，代表作《__________》是一部价值很高的编年体地方通史。

【拓展训练】

甘肃职业教育是从什么时候开始的？

第三节　甘肃现代史

一、中华人民共和国成立后到改革开放前甘肃的发展

【知识精粹】

1. 土地改革：甘肃现代史是指中华人民共和国成立后的甘肃历史。1950 年，中央人民政府决定在全国开展土地改革运动。甘肃省根据“废除封建剥削的土地所有制，

实行农民的土地所有制”的土地改革方针，顺利完成了土地改革任务。

2.“三反”和“五反”：从 1951 年 12 月开始，甘肃省开展了“三反”（反贪污、反浪费、反官僚主义）运动，在私营工商业开展“五反”（反行贿、反偷税漏税、反盗骗国家财产、反偷工减料、反盗窃国家经济情报）运动。

3. 三大改造：社会主义三大改造主要包括对个体农业、个体手工业、资本主义工商业的社会主义改造。社会主义三大改造的基本完成，标志着甘肃省社会主义体制基本建立，拉开了甘肃全面建设社会主义的序幕。

【巩固练习】

1. 1949 年 8 月，兰州解放以后，甘肃行政公署成立。12 月，甘肃全境________。1950 年，甘肃省人民政府成立，以______为省会，任命________为甘肃省人民政府委员会第一任主席（后来改称省长）。

2. 1950 年到 1957 年，根据中央__________和关于在少数民族聚居地方实行民族区域自治的指示精神，甘肃对部分区划进行了一些调整，先后成立了_____、临夏 2 个自治州，以及天祝、东乡、肃南、肃北、______、阿克塞和积石山 7 个自治县。由少数民族人民依法行使自主管理本地区、本民族内部事务的权利。

3. 甘肃省根据“废除封建剥削的土地所有制，__________________________”的土地改革方针，抽调 1 万多名干部，组成土改工作队，分赴各地，组织和指导农村土地改革工作，并顺利完成了任务。

4. 甘肃省于 1951 年 12 月开始，在国家机关和国营企业开展“_________”（反贪污、反浪费、反官僚主义）运动，在私营工商企业开展“_______”（反行贿、反偷税漏税、反盗骗国家财产、反偷工减料、反盗窃国家经济情报）运动，清除了一批党政机关的腐败分子，处理了一批犯有“五毒”行为的违法人员。“三反”和“五反”运动在社会上起到移风易俗、清除旧社会遗毒的作用，对于广大干部和群众是一次深刻的社会主义思想教育，对国家机关建设和资本主义工商业的社会主义改造起到了促进的作用。

5. 社会主义三大改造主要包括对_________、____________、______________的社会主义改造。社会主义三大改造的基本完成，标志着甘肃省社会主义体制基本建立，拉开了甘肃全面建设社会主义的序幕。

6. 1953 年起，中华人民共和国开始实施发展国民经济的第一个五年计划（1953—1957，简称“一五”）。其标志就是以_____________为中心，奠定中国工业化的基石。最突出的成就是建成了________石油城和_________石化工业城，培养出了“________”王进喜这样的工人阶级的楷模，被全国人民所熟知。西固石化工业城包括兰州炼油厂、兰州化肥厂、兰州合成橡胶厂和西固热电厂等。兰州炼油厂是当时全国最大的石油炼制企业，使中国告别了使用进口油的时代。

7. 1958 年之后，在国家的大力支持下，甘肃相继建成______水电站、盐锅峡水电站、______水电站、三角城电灌工程、景泰川电力提灌工程、靖会电灌工程和皋兰西岔电力提灌工程等大型电力、水利工程，重点建设“________”，大规模开发河西内陆河流域和黄河沿岸荒地资源，为甘肃农业发展奠定了良好基础，并在短期内实现了粮食基本自给。

8.“一五”时期是甘肃经济建设的“黄金时期”，被誉为“中国石油工业长子”的兰州炼油厂、“中国石化工业摇篮”的兰州化工厂等都是在这个时期投资兴建的，之后围绕资源开发建成和发展起来的一批新型工业城市，除了国家 12 个中心城市之一的兰州以外，还有“________”白银、“________”金昌、“____________”嘉峪关、“________”天水、“东风航天城”酒泉等。

9. 中华人民共和国成立后，“________”是国家确定的经济战略决策之一，作为运输大动脉的铁路自然成为率先发展的建设项目。于是，7 万余名解放军官兵会同 4 万多民工一起开始了________铁路的修整和________铁路的建设。之后又整修了民航设施，从而建立起以兰州为中心的干支线结合、城乡沟通、省内外相连的交通网络，有力地支持了甘肃经济建设和社会发展。

10. 1953 年，兰州大学吸收______学院文学系，被确立为教育部直属全国重点综合性大学。1954 年，医学系分出，成立________。1965 年，南开大学核物理系、放化专业并入________现代物理系。西北师范学院在 1958 年划归甘肃省领导，改称__________，后更名为__________。兽医学院在 1951 年改名为西北畜牧兽医学院，后与甘肃农学院合并，组建________。西北农业专科学校后并入西北农林科技大学。1950 年，国家创办的________是西北最大的民族高等院校。

【拓展训练】

三大改造对社会主义经济建设的展开有什么作用?

二、改革开放和社会主义现代化建设时期甘肃的经济措施

【知识精粹】

1. 家庭联产承包责任制的建立：1979 年 1 月，甘肃省进行以“包”字为特征的所有权与经营权相分离、以联产计酬生产责任制为主体的改革。到 1982 年，基本上实现了以大包干为主的家庭联产承包责任制。

2. 实行对外开放政策：1978 年，对外开放政策成为我国一项基本国策。

3. 实施西部大开发战略：1999 年 9 月 22 日，中共十五届四中全会正式提出“国家要实行西部大开发战略”。

【巩固练习】

1. 1979 年 1 月，中共甘肃省委制定的《______________________________》，在

划分作业组的形式下，进行以“_____”字为特征的所有权与经营权相分离、以联产计酬生产责任制为主体的改革，受到农村群众的极大欢迎，且积极与本地实践相结合。

2. 随着农村改革的不断深入，党和政府大力完善各种承包措施，把承包内容从农业扩大到副业、工业、商业、建筑业和运输业等农村经济的各个领域。1984 年起，建立和完善____________机制，积极发展社会化服务体系，逐步壮大集体经济实力，作为继续完善和提高_________________的重点工作，抓社会化服务体系建设，弥补家庭经营的局限性，优化组合生产要素，提高农业综合生产能力，发展壮大集体经济，加快政社分设和建立农村经济组织工作。由于后续工作措施扎实，家庭联产承包责任制才得以巩固和发展，为推动农村经济的发展立下了不朽的功勋。

3. 党的十一届三中全会以后，改革的重点放在______，通过实行家庭联产承包责任制、调整农村产业结构及______等，农村经济逐步进入了有计划的商品经济的发展轨道。1984 年，党的十二届三中全会召开后，甘肃省为贯彻《中共中央关于经济体制改革的决定》，全面开展以_____为重点、以搞活_____为中心、以转变企业的经营机制为主要内容的经济体制改革。

4. 1978 年起，________政策成为我国的一项基本国策。在我国对外开放的总格局中，甘肃省具有沿_____、沿_____的两大优势和地缘条件，是其他省（区）无法替代的。

5. _______是对外开放的重要内容，它包括吸收外商直接投资、借用国外贷款、境外投资等多种形式。改革开放以来，_______在甘肃省经济发展中的规模日益扩大，已成为甘肃省经济发展的重要力量。

6. 在全省实行对外开放的过程中，各个地方还采取“____________、文化搭台、___________”的形式吸引外资，扩大对外开放。甘肃省政府不但组织到国（境）外举办和参加经贸活动，还积极在省内组织此类活动，如 1992 年举办的“首届中国丝绸之路节”，后改为每年一次的“__________________________”。

7. 1995 年，甘肃省人民政府决定以实施“___________”工程为核心，省、市联动，共建西北商贸中心，并要求“三年见小效、五年见中效、十年见大效”。1999 年 9 月 22 日，中共十五届四中全会正式提出了“________________”。甘肃省是西部 12 省（市、自治区）之一，在西部大开发特别是西北部大开发中居于重要地位。

8. 2000 年，甘肃省开始全面实施十大工程，即______________和生态建设、高等级公路建设、___________二线建设、民航机场建设、天然气管道及天然气利用项目、城乡电网改造、中心城市基础设施建设、农副产品深加工项目、以国有企业脱困为重点的技术改造项目、高科技产业化项目，全面拉开了甘肃实施西部大开发战略的序幕。

9. 在西部大开发战略实施的过程中，甘肃各地发展的区域优势日益明显，形成了__________经济开发区域、________经济开发区域、________经济开发区域和陇南综合资源开发区域等 4 个自然环境和经济发展特色各不相同的经济区域。

10. 2013 年，习近平提出了“_______________”的倡议，再次提升了我国西部大开发的战略地位。甘肃计划利用拥有古丝绸之路贯穿境内 1 600 多千米的战略通道优势，打造丝绸之路经济带的黄金段，抓住发展经济的重要机遇。

11. 按照中央赋予甘肃对外开放的战略定位，甘肃规划实施了“________”丝绸之路经济带甘肃段发展战略，即围绕打造丝绸之路经济带甘肃黄金段“一大构想”，着力打造以兰州新区为重点的文化交流合作平台、以丝绸之路（敦煌）国际文化博览会和华夏文明传承创新区为重点的文化交流合作平台、以中国兰州投资贸易洽谈会为重点的经济贸易合作平台三大战略平台，积极建设面向六大国际经济走廊多国为重点的经贸合作与人文交流的对外窗口，进一步提升兰（州）、白（银）、平（凉）、庆（阳）等八大重要节点城市的支撑能力，重点实施道路互联互通、经贸产业合作等“五大工程”。

【拓展训练】

1. 实行家庭联产承包责任制对广大农民有什么影响？
2. 实行对外开放政策后，甘肃省的经济发展有什么变化？

三、改革开放和社会主义现代化建设时期甘肃的经济成就

【知识精粹】

改革开放时期，甘肃商贸建设的最大成就是建成了西北商贸中心，其显著的标志就是兰州东部综合批发市场的建成。经过改革开放，甘肃已形成了以石油化工、有色冶金、机械电子等为主的工业体系，成为我国重要的能源、原材料工业基地。

【巩固练习】

1. 改革开放时期，甘肃商贸建设的最大成就就是________________，其显著的标志就是______________________的建成。

2. 改革开放之后，产生了全省首家地方银行——____________银行，后更名为“________”。后又在 2011 年建立了______银行，在 2015 年设立了兰州农商银行。

3. 1994 年是甘肃公路史上转折性的一年，13 千米的______高速公路通车，意味着甘肃高速公路零的突破。在民用航空方面，2009 年，嘉峪关、金昌、庆阳、夏河、张掖机场改扩建工程先后开工。2015 年，兰州至圣彼得堡等 16 条国际和地区航线相继开通，与兰州通航城市达 82 个，一条“____________”正在形成。

4. 在水利工程方面，2014 年 12 月 28 日，在历时 8 年的艰苦施工后，甘肃省历史上最大的跨流域调水工程——______一期工程宣告建成并全线试运行通水，百万陇中人民魂牵梦绕的洮河水如约而至，成功解决了甘肃省部分干旱地区吃水难、水质不安全的问题。2015 年 8 月，甘肃引洮供水二期工程开工建设。

5. 1978 年开始的“三北”（东北、华北和西北）防护林建设，1983 年胡耀邦提出的“____________”口号，1989 年开始的长江中上游防护林建设，1999 年实施的

“__________”工程以及 2003 年实施的“__________”工程，在遏制生态环境恶化、改善生态环境方面取得了显著成效。此外，甘肃还提前完成了石羊河流域重点治理项目，__________重要水源补给生态功能区的生态保护与建设、敦煌水资源合理利用与生态保护等重大生态工程也积极推进，张掖________被列入了国际重要湿地名录。

【拓展训练】

1. 改革开放以来，甘肃的商贸金融建设有哪些成就？
2. 改革开放以来，甘肃的生态环境建设有哪些成就？

四、当代甘肃艺术创造的繁荣

【知识精粹】

1965 年创作演出的大型现代题材歌剧《向阳川》把甘肃省的歌剧事业推向一个新的高潮。1979 年创编上演的《丝路花雨》被誉为“中国舞剧的里程碑”“东方的《天鹅湖》”。《丝路花雨》被上海大世界吉尼斯总部认定为“中国舞剧之最”。

陇剧是甘肃省独有的汉族戏曲艺术。秦剧又叫作秦腔，是甘肃起源最早、流传最广、影响最大的地方戏曲。

【巩固练习】

1. 抗战时期，一些国内一流艺术工作者在甘肃成立了“__________”“西北军政长官公署政工大队”等，以宣传______为主旨进行话剧表演，使甘肃有了一定的话剧基础。20 世纪 50 年代，甘肃省______成立，创作并演出了《在康布尔草原上》《滚滚的白龙江》《雪山之鹰》《远方青年》《教育新篇》《西安事变》《岳飞》等优秀话剧。

2. 中华人民共和国成立以后，甘肃省歌剧院主要演出的作品有《红花渠畔》《月亮湾》《红色医生》《向阳川》等。1965 年创作演出的大型五场歌剧《______》把甘肃省的歌剧事业推向了一个新的高潮。该剧是以西北地区广为流行的民歌“花儿”为音乐基调，创作的一部具有________风貌和地域风格特色的歌剧。

3. 1979 年创编上演的《__________》在我国舞蹈界引起了巨大的轰动，荣获了“中华民族二十世纪舞蹈经典作品金像奖”，被誉为“中国舞剧的里程碑”“东方的《天鹅湖》”。截至 2016 年，该剧已复排三次，累计演出 2 800 多场，观众达 400 多万人次。2004 年 10 月，《________》被上海大世界吉尼斯总部认定为“中国舞剧之最”。

4. 1958 年到 1959 年期间大型古典戏曲《______》的编演，使“陇东道情”从实践上具备了较完整的舞台艺术规模，成为一个新生的戏曲剧种。1959 年被正式命名为陇剧，并成立了甘肃省陇剧团。《________》荣获了第十届精神文明建设“五个一工程”优秀作品奖。2006 年 5 月 20 日，陇剧经国务院批准列入第一批国家级非物质文化遗产名录。

5. 秦剧又叫______，是甘肃起源最早、流传最广、影响最大的地方戏曲，采用木梆击节，在基本腔调的基础上，吸收了青阳腔的特长，形成了高亢爽朗、激昂悲壮、动人心弦、表现力强的艺术特点。甘肃省秦剧团在五十年代自创了《忠王李秀成》《姑娘的心》《陇渠开花》等剧目，后又创作排演了《白毛女》《小二黑结婚》《央金卓玛》《飞将军李广》《思源》等一大批颇具影响、深受观众喜爱的优秀秦腔剧目。中华人民共和国成立后，甘肃京剧的创作也十分活跃，代表剧目有《当代红娘》《曙光》《原野》《夏王悲歌》等。

6. "______"是流行于甘肃省临夏、甘南、岷县等地的独具风格的民歌。有人认为歌词中常将青年女子比喻为_____，故名；也有人认为这种民歌多用花儿来比兴，故名。"花儿"内容非常丰富，有经千锤百炼而留下的传统歌词，也有触景生情、随口而出的即兴之作；有传唱历史故事、风土人情的，也有直言男女情爱的。"花儿本是心上的话，不唱是由不得自己家；钢刀拿来头割下，不死时就这个唱法。"这首流传甚广的"花儿"，把甘肃人民对"花儿"的热爱表达得淋漓尽致，其中也透露了"花儿"所蕴含的西北人性格中的刚直、豪爽和执着。每当"花儿"响起时，那种勇往直前的力量直捣人心。

7. 甘肃砖雕经无数能工巧匠继承创新，作品多姿多彩，构图严谨，雕镂精细，浑然天成，富于想象力和表现力。砖雕工艺多以_____为料，主要用于清真寺、拱北及民用建筑影壁、照壁、门楼、卷门、墀头和饰脊、山花等装饰。因伊斯兰教反对偶像崇拜，在造型艺术上禁止刻制人物与动物形象，故砖雕题材多表现为以花卉、草木（如牡丹、松柏、荷花、葡萄、石榴等）为主的植物图案以及阿拉伯文字图案。

8. 兰州太平鼓主要流传于甘肃境内的兰州、陇西、庄浪、榆中、河州等地，属大型鼓。张鸿汀《__________》称太平鼓系古代屯留遗俗，雄壮刚健，催人奋进。相传元末明初大将徐达奉命西征，久攻兰州不下，适逢元宵佳节，徐达让官兵扮成社火队，将圆鼓改成长鼓，内藏各种兵器，混进城内，一举攻克。百姓欢欣鼓舞，于是就将这种长筒鼓命名为"__________"，以象征江山统一，天下太平。此后太平鼓就成为每年春节社火活动中必不可少的表演项目之一。

9. 庆阳剪纸是流行于甘肃省庆阳市境内的__________艺术形式。庆阳剪纸起源于汉代，到了隋唐时代，人们用纸剪出武将________、________的形象，贴在门上作为门神，祛邪挡鬼。庆阳有句俗话：二八闺秀学针线，_________。自古以来，这方水土上的人们代代相传，不知不觉中，让庆阳剪纸承载着多重文化元素，成为一种活的文物。2008 年，庆阳剪纸入选中国________________文化遗产目录。

【拓展训练】

1. 简述甘肃砖雕艺术。
2. 简述庆阳剪纸艺术。

第三章　中华礼仪

第一节　中华礼仪，源远流长

【知识精粹】

礼仪是人们在社会交往中共同遵守的表示尊重、友好的行为规范和准则，具体表现为礼节、礼貌、仪表、仪式等。礼节是指人们在交往过程中，相互问候、致意、祝愿等惯用的规则和形式，如握手、送礼物等；礼貌是指人与人之间和谐相处的意念和行为，是言谈举止对别人尊重与友好的体现，如尊老爱幼等；仪表是指人的外表，包括容貌、服饰、姿态等方面；仪式是指在特定场合举行的具有特定程序的活动，如开业典礼等。

【巩固练习】

一、填空题

1. 礼仪是人类文明的产物。从理论上讲，礼仪起源于维护“__________”，是避免发生矛盾和冲突的一种需要。人类为了生存和发展，不得不以群居的形式生活在一起，在群居生活中，群居成员之间的关系必须妥善处理。这些由人们逐步积累和自然约定出的一系列规则，就是最初的________________。从具体形式上讲，礼仪起源于____________________________和祭祀活动。

2. 中华民族的礼仪的发展大致可分为____________时期、___________时期、__________时期、__________时期、_____________时期。

3. 中国是人类文明的发源地之一，中华民族自古以来就崇尚______________。__________文化作为中国传统文化的一个重要组成部分，对中国社会的发展有着广泛而深远的影响。

4. 中国素有“________”的美称，出行有礼、坐卧有礼、宴饮有礼、婚丧有礼、寿诞有礼、祭祀有礼、征战有礼，“_____”在中国古代社会无处不在、无时不有。

5. 与古代礼仪相比，无论在形式上还是内容上，现代礼仪都有了很大的变化。但是，现代礼仪也是在_____礼仪的基础上发展而来的。近年来，随着商品经济的大规模发展，人际交往日益频繁，各个行业的礼仪规范也划分得更为精细，如个人日常礼仪、社交礼仪、校园礼仪、家庭礼仪、公共礼仪、餐饮礼仪、商务礼仪等。

6. 学习礼仪，要以尊重他人为起点。放低姿态，谦恭待人，才能赢得他人的尊重。敬人不仅是_____的姿态、礼仪性的表示，而且要发自内心地对他人_____。如果没有发自内心的恭敬，礼节就成了虚套，就失去了其本意。

7. 中国古代日常生活中的礼仪主要有__________________、__________________、__________________、饮食之礼和__________________。

8. 可以将中华礼仪文化的特点概括为五个字：________、________、________、诚、乐。

9. 雅是____的反义词，就是举手投足间的优美与和谐，有_______、_______之意。

10. 中华礼仪中的“____”，不只是_____、宁气，还有许多其他具体的表现。例如，讲话声音平和、神态安详为静；行走、仪态中的不疾不徐为静；身心健康、内外和顺也为静。

11. 诚，就是______、______的意思。《孟子》中说：“诚者，天之道也；思诚者，人之道也。”即为人_________，才符合天道、人道。

12. 中华礼仪发源于西周，西周的礼制准确来说就是它的“________”。西周的“____”，不只是我们现在所理解的单纯的音乐，它泛指雅乐，源于古代祭祀乐，是指一切仪礼音乐。

13. 礼仪的作用包括____________、_____________、_____________和促进社会和谐发展。

14. 礼仪能够帮助人们从______、仪表、举止、______等各个方面塑造个人形象，使人们衣着整洁、谈吐得体，展现出良好的_________和________的风度，给交往对象留下良好印象。

15. 礼仪是一种高尚而美好的行为，它教人取义、向善、向美，纠正人们_______________，倡导人们按礼仪规范的要求去协调__________。人们在按照礼仪规范行事的过程中，可使_______得到净化、______得到陶冶、______得到匡正，从而使自身修养得以提高。

16. 在社会生活中，礼仪是润滑剂和冷凝剂，能使社会中的_______和_____降到最低点。同时，礼仪还是一种_________的外化，我们遵守并应用礼仪的过程就是在营造一种和谐的社会氛围，这种氛围使每个生活在其中的人都能得到精神的洗礼，从而有助于净化社会风气，提升个人乃至社会的精神品位，促进整个社会的_________。

17. 自律原则就是________，按照礼仪规范来严格要求自己，知道自己该做什么，不该做什么。通过礼仪知识的学习和礼仪训练，人们可以在心中建立起___________和行为准则，从而获得内在的力量。

18. 礼仪的原则包括_____________、真诚原则、___________、_____________、_____________、宽容原则和_____________。

19. 在人际交往中，每个人都必须_______、_______地遵守礼仪，用礼仪来规范自己在交往活动中的言行举止。遵守原则是_______________________，更是其人格素质的基本体现。只有遵守礼仪规范，才能赢得他人的尊重，确保交际活动达到预期的目标。

20. 尊重原则是礼仪的基本原则。所谓尊重原则，首先是在________、________的同时，尊重他人的人格、劳动和价值，以平等的身份同他人交往；其次是尊重他人的爱好和情感，不强求______________________________、行事。

21. 平等是人与人交往时建立情感的基础，______________，___________，对任何交往对象都一视同仁，给予同等程度的礼遇。在人际交往中不能____________、目中无人，更不能以貌取人，或以______、________、______压人，而应该时时处处平等谦虚地待人，唯有如此，才能结交更多的朋友。

22. 真诚是________________________态度，是___________________的友善表现。在交往过程中必须做到诚实守信、不虚情假意、不做作。

23. 宽容即____________________________，对_____________________要能理解、容忍、体谅。宽容是一种高尚的人格修养。一个宽容他人、理解他人、体谅他人的人，更容易赢得他人的爱戴和敬重。

24. 适度原则，是指__________________________，根据具体情况、具体情境使用相应的礼仪。

25. 从俗原则，是指____________________________________，了解并尊重各自的禁忌。如果不注意禁忌，就会在交际中引起障碍和麻烦。由于国情、民族和文化背景不同，在与人交往时必须坚持入乡随俗，与绝大多数人的习惯做法保持一致，切忌目中无人、自以为是。

二、判断题

1. 尊老爱幼、握手和送礼属于礼仪具体表现形式中的礼节。（　　）
2. 古人宴请客人时，客人需待主人举杯劝饮之后，方可饮用。（　　）
3. 古代礼仪有很多不适合普通老百姓的地方，不应该提倡。（　　）
4. 礼仪能够帮助人们从仪表、仪容、举止、谈吐等方面塑造个人形象。（　　）
5. 尊重原则是礼仪的基本原则。（　　）
6. 应用礼仪时应该把握好分寸，根据具体情况和情境应用相应的礼仪。（　　）

【拓展训练】

1. 什么是礼仪？

2. 战国时期的思想家、政治家和教育家孟子，是被后世尊奉为仅次于孔子的“亚圣”。有一次，孟子的妻子在房间里休息，因为是独自一个人，便无所顾忌地将两腿叉开坐着。孟子推门进来，看见妻子这样坐着，非常生气。原来，古人称这种双腿向前叉开坐为箕踞，箕踞向人是很不礼貌的。孟子一声不吭就走出去，看到孟母，便说：“我要休妻。”孟母问他：“这是为什么？”孟子说：“她既不懂礼貌，又没有仪态。”孟母又问:“那你是如何知道的呢?”孟子便把刚才的一幕说给孟母听。孟母听后说:“那么，没礼貌的人应该是你，而不是你的妻子。难道你忘了《礼记》上是怎么教人的?进屋前，要先问一下里面是谁；上厅堂时，要高声说话；为避免看见别人的隐私，进房后，眼睛应向下看。你想想，卧室是休息的地方，你不出声、不低头就闯了进去，已经先失了礼，怎么能责备别人没礼貌呢?”一席话说得孟子心服口服，再也没有提休妻的事了。

上述事例体现了古人的哪些礼仪?这些礼仪可以用在现代社会吗?

3. 张良是汉朝的大智谋家。据传在他年轻时，曾有过这么一段故事。有一天，张良信步在圯水桥上，见一位穿着十分寒酸的老人当道，张良出于尊老的想法欣然让路。随后，老人又故意将鞋丢落桥下，并以命令的口气要张良将他的鞋子捡回来。面对如此无理的要求，张良心想他年事已高，尊老忍让为上，便下桥拾鞋，并拂去灰尘，跪下给老人穿好。老人有所感动，随即约张良五天后一早在此见面。张良感到事有蹊跷，于是跪下答应而退。五天后，天大亮时张良赴约，见老人已先在桥头。老人指责张良:“小子，赴老人之约，为什么迟到?过五天后早点来!”五天后，张良三更鸡鸣时便出发，无奈又落在老人的后面。老人又告诉他五天后再来。又过了五天，张良不到半夜就赶去，等了一会儿老人才赶到。老人见张良已到，心里很高兴，感叹说:“孺子可教也!”于是把《太公兵法》交给了张良。获此兵书，张良潜心研读，如虎添翼，不仅成了一位大军事家，还成了一位大智谋家。他担任刘邦的首席谋士，为破秦灭楚，建立强盛的汉王朝立下了奇功。

张良在与老人交往的过程中遵守了哪些礼仪原则?

第二节　形象礼仪，温文尔雅

【知识精粹】

日常妆容的步骤是洁肤、护肤、打粉底、修饰眼部、画眉毛、涂腮红、涂唇膏。在日常生活与工作中，应以淡妆为主。男性一般不用化妆，但可以根据自己的皮肤状况使用一些具有去死皮、补水、控油等功效的男性专用护肤品。此外，男性要养成剃胡须的习惯。

【巩固练习】

一、填空题

1. 形象礼仪包括____________、______________、仪态礼仪等。仪容通常指一个人的外观、_____，它由_______________________________组成。

2. 要勤洗发，使自己的头发保持_________，做到不能有_____、不能出____、不能有______。在出门前和摘下帽子时，或其他必要的时候要对头发进行_____，使其整齐。要常修剪头发，以保持头发的_____。梳理头发时要注意：不当众_____，不直接用手____，不乱扔梳下来的头发和头屑。

3. 在保持头发整洁的同时，应根据自己的______、_______、年龄、发质和气质选择与自己的职业和个性相符合的发型，以增强人的________。男士的发型应给人以_________、整齐和略显成熟、________的感觉；女士的发型应_________，给人以持重、干练、成熟的感觉。此外，美发应得体适度。

4. 面部修饰的基本要求应体现_____________________________。一般要求男性面部清爽宜人，口气清新；女士不宜_______________________________________，保持清新自然。

5. 女性化妆修饰步骤：（1）洁肤。使用___________________净面。（2）护肤。使用有营养的化妆水（爽肤水）轻拍面部，然后涂抹乳液或保湿霜。通过涂抹乳液可以令肌肤_____，并可防止化妆品与皮肤直接接触，起到_______皮肤的作用。（3）打粉底。打粉底的目的是调整皮肤颜色，使皮肤_________、有光泽。化妆者应选择接近自己肤色的粉底液或粉底霜涂抹。注意粉底不可涂抹____________。（4）修饰眼部。按涂眼影→画_________→涂睫毛膏的顺序进行眼部化妆。（5）画眉毛。（6）涂腮红。（7）涂唇膏。

6. 女性化妆禁忌：在公共场所内当众化妆（若确实需要修饰，要到洗手间去进行）；不重维护，残妆示人；____________、风格怪诞；____________、技法错误。男性一般不用化妆，但可根据自己的皮肤状况使用一些具有去死皮、补水、控油等功效的男性___________。

7.（1）眼部的修饰：保持眼部_____，随时注意清除眼部的_______；要注意眼病的防治，注重休息，使目光清澈有神，避免出现红血丝、浮肿、黑眼圈等现象；佩戴眼镜、墨镜这些眼部装饰品时，不能过于时尚夸张，同时应注意保持镜片的_____。

（2）耳部的修饰：务必每天进行耳部的________；部分人耳毛过于浓密要及时______；佩戴的耳饰应符合________。

（3）鼻部的修饰：保持鼻腔的清洁，不要让异物_________（切勿当众以手去擤鼻涕、挖鼻孔、乱弹或乱抹鼻垢）；参加社交活动前要清理鼻部的黑头；及时修剪_____。

（4）口腔的修饰：坚持每天早晚_________，饭后三分钟要漱口，及时去除牙齿上的_______；避免在会客或工作前进食葱、蒜、韭菜等有异味的食物；口臭患者在与人交谈时要保持一定的距离；一旦发现自己口腔有异味应及时________。

（5）唇部的修饰：注意嘴唇的修饰与维护，不要让嘴角起泡、嘴唇干裂脱皮；可通过________使嘴唇红润有光泽。

8. 要保持手部清洁，饭前便后以及接触脏物后，要________，方便的话还应涂上_______，以保持手部光洁。要勤剪________，不留_________。长指甲既不容易保洁，又不方便做事，有时还会伤着别人或自己。女性涂指甲油要_________。上班不能涂_____色指甲油，可涂无色透明的；社交场合方可涂红艳的指甲油。指甲油要____，不要重复涂抹，否则就不美观了。

9. 不同场合着装：喜庆场合大都具有________________的特点，因此要求人们在服饰上也相应地热烈、明快一些。这种场合中，男性一般应着_______、中山装，或自己民族特有的服装；女性的服装则以_______、色彩鲜艳的裙子、_______、旗袍为宜，还应适当地化妆、佩戴一些___________。庄重场合主要是指除了_________以外的庆典仪式、正式宴会和会见外宾等场合。这种场合的服装应庄重、典雅。男士应着________________装，不能穿夹克、牛仔裤等便装；女士则可着旗袍、西服套装、____________或单色连衣裙，不能穿超短裙。悲哀场合主要是指________________等场合。这种场合的气氛比较悲哀、肃穆，因此要求人们在着装上需要注意：服装的颜色应以______________、素色为主。要选择庄重、大众化一些的服装。不要穿各类新潮时髦，显得怪异、轻佻的服装。在居家、休闲这些场合，穿着可以_______。居家生活和接待较熟悉的亲友时，可以穿着舒适、宽松、随意、色彩随和的家居服。家居服不宜_______；睡衣只供睡觉和早上梳洗时穿着。在旅游、参观、度假、游乐和参加一般性活动时，可以选择轻松、便于运动的休闲服。这类服装风格比较明快，常同旅游鞋、运动鞋、轻便的休闲鞋等搭配。

10. 男士职业装主要分为两种类型：_________和_____________。西装又称西服，起源于欧洲，是一种国际流行的服装，其造型_______，能给人以_____之感。商务男士穿上西装会显得__________、魅力十足。但“西装一半在做，一半在穿”，要想充分发挥西装的魅力，就必须在西装的选择上下一番工夫。

11. 女士西服套裙所选用的面料应为质地上乘的_____面料。颜色以______为主，如藏青、炭黑、烟灰、雪青等颜色。套裙上的图案应朴素、______，且不必像男士那样必须衬衫、领带配套。女性着职业服装，既要_________，表现出自己的风格，又要遵守一些规则。套裙必须合身，过大或过小、过肥或过瘦的套裙都会损坏商务女士的形象。其中，裙子的长度应以最长到达小腿中部，最短应在坐下时裙子向上缩离膝盖不超过 10 cm 为合身。

12. 佩戴项链因人而异。脖子粗短的人可选择______的项链；脖子细长的人可选择_______ 的项链。穿高领羊毛衫时，项链应佩戴在衣服之______。男士佩戴的项链一般不_______。

13. 耳环的选用应与自身的脸型相协调。长脸型者宜选用____耳环或____耳环，不宜选用长且垂的耳环；圆脸型者宜选用____耳环和_____耳环，以拉长脸型，而不宜选择有横向扩张感的耳环；方脸型者宜选用曲线流畅的圆形、螺旋形等形状的____耳环或耳坠，以使脸型具有曲线美。肤色白皙者宜佩戴红色、翡翠绿等颜色____的耳环；肤色偏黑者宜选用白色、浅蓝、粉红等色调_____的耳环；金色耳环适合各种肤色的人佩戴。

14. 一般在左手腕或左右两手腕同时佩戴_______或_______，表明佩戴者已经结婚；如果仅在____手腕佩戴，则表明佩戴者自由不受约束。手镯、手链不能与手表同戴在一只手上。选择戒指时要注意造型，女士的戒指要_____，男士的戒指要_____。

戒指通常戴在左手上。一般情况下，一只手上只戴一枚戒指，大拇指不能戴戒指，婚戒戴在无名指上。

15. 女士的站姿应能给人一种________的感觉。男士的站姿应能给人一种____________、庄重大方和精力充沛的感觉。

16. 男士站姿的注意事项：不可将双手插入衣袋或裤袋中，也不可双手或单手叉腰。不可将双臂交叉抱于胸前，或将双手交叉抱于脑后。双脚不可呈内八字站立，不可双腿交叉站立，不可弯腿顶胯站立。不可抖腿和晃动身体。不可倚靠在墙上或椅子上。

17. 入座要领：入座时应保持动作_____。入座时，首先走到座位前面，然后转身并轻稳地坐下，切忌_____地落座。女士坐下前，还应轻拢____，以保持裙边平整、不起皱。

18. 男士坐姿主要有_________坐姿和_________式坐姿两种；女士的坐姿主要有_______、侧点式、交叉式和____________四种。

19. 走姿的基本要领是：上身挺直、____________、步幅适中、_______、路线平直、步态风格有别。男士步伐矫健有力，展现__________；女士步伐轻盈婀雅，展现___________。

20. 蹲姿的基本要领：上身挺直，_______，臀部下移，双膝___________，一脚在前，一脚在后，身体重心落__________。常用的蹲姿有________和______两种，男士和女士的具体蹲姿也不相同。

21. 蹲姿的注意事项：不可______下蹲、面对他人下蹲或者蹲得离人过近。下蹲时，不要弯腰撅臀，也不要两脚________、两腿_____、弯腰半蹲。下蹲时，不可露出______。不要在公共场合蹲着休息。

22. 表情指____________________，它是__________________________，能够传递人们内心的思想、情感和心理活动，在人们____________________________。表情礼仪主要包括___________和_______________。用________注视他人，应当角度正确、部位恰当。合乎礼仪的笑容有含笑、________和__________。

23. 在社交场合，为他人指示方向、请他人进门、请他人坐下等情况，都需要用到引领手势。引领手势的要点为：____，面带微笑，在注视目标方向的同时兼顾对方是否会意，以肘关节为轴指示方向。递接物品时，应__________，用双手递送或接取物品，同时上身略向前倾。若不方便双手并用，则可用右手递接，切忌单用左手递接；若递接双方距离过远，则应主动______对方，双手递接。需要注意的是，递送带尖、带刃或其他易伤人的物品时，应将尖、刃指向自己，而“___________”。切忌用大拇指指自己的鼻尖，用一根手指指人、指路等。此外，伸出中指在很多国家均表示下流、鄙视、愤怒、恶劣等意思，是极其不雅的一种手势。

二、判断题

1. 不能在公共场所内当众化妆，包括公共洗手间。　（　　）

2. 应避免在会客或工作前进食葱、蒜、韭菜等有异味的食物。　（　　）

3. 在朋友聚会时必须穿西装。　（　　）

4. 天气热时，可以将西装的衣袖挽上去，或将西装裤管卷起来。　（　　）

5. 女士穿衬衫时，衬衫下摆必须放入下装之内。　（　　）

6. 站立时不可抖腿和晃荡身体，也不可倚靠在墙上或椅子上。　（　　）

7. 坐在椅子上可以把小腿搁在大腿上。　（　　）

8. 迈步时脚尖朝正前方伸出，脚尖先着地，脚掌后着地。　（　　）

9. 下蹲时可以两脚平行、两腿分开。　（　　）

10. 在普通社交场合，目光注视的部位为对方的眼睛和下颚之间的区域。（　　）

11. 递接物品时若不方便双手并用，可左手递接，切忌单用右手进行。　（　　）

【拓展训练】

1. 什么是坐姿礼仪？男士坐姿的基本要领是什么？女性坐姿的基本要领是什么？

2. 某中职学校有一批应届毕业生跟随老师到一国有企业参观。全体学生坐在会议室里等待领导的到来。门开了，领导走进来和大家打招呼，欢迎大家的到来，会议室里却静悄悄的，没有一个人回应。小林同学左右看了看，犹豫地鼓了几下掌，同学们这才稀稀拉拉地跟着拍手，由于掌声不齐，显得越发凌乱。领导看同学们都没有带笔记本，吩咐工作人员去拿公司印的笔记本，送给同学们作纪念。接下来更尴尬的事情发生了，大家都坐在那里，很随意地用一只手接过工作人员双手递过来的笔记本。工作人员来到小林面前时，小林礼貌地站起来，身体微倾，双手接过工作人员递过来的笔记本，说了一声："谢谢您！"

请列举出小林身上表现出的良好举止礼仪。此外，其他同学的举止有何不当之处？

3. 一天，王先生与几位好友聚餐，来到某知名酒店。接待他们的是一位五官清秀的服务员，接待服务工作做得很好，可是她面无血色，显得无精打采。王先生一看到她就觉得心情欠佳，仔细留意才发现，这位服务员没有化工作淡妆，在餐厅昏黄的灯光下显得病态十足。上菜时，王先生又突然看到传菜员涂的指甲油缺了一块，他的第一个反应就是"不知是不是掉到我的菜里了"。但为了不惊扰其他客人用餐，王先生没有将他的怀疑说出来。用餐结束后，王先生唤服务员结账，而服务员却一直对着反光玻璃墙面修饰自己的妆容，丝毫没注意到客人的需要。自此以后，王先生再也没有去过这家酒店。

请分析王先生再也没有去过这家酒店的原因。

4. 小吴从某中职学校毕业后，在一家公司做文员工作。为适应工作需要，上班时，她毅然放弃了"可爱少女妆"，化起了整洁、端庄的"白领丽人妆"：不脱色粉底液，修饰自然、稍带棱角的眉毛，与服装色系搭配的眼影、眼线，再加上自然的唇型和略显浓艳的唇色。整个妆容清爽自然，尽显自信、成熟、干练的气质。但在公休日，她又给自己来了一个大变脸，化起了久违的“可爱少女妆”：粉蓝或粉绿、粉红、粉黄、粉白等颜色的眼影，彩色系列的睫毛膏和眼线，粉红或粉橘的腮红，自然系的唇彩或唇油，看上去鲜亮淡雅，整个人的身心都倍感轻松。心情好，工作效率自然就高。一年来，小吴以自己得体的外在形象、勤奋的工作态度和骄人的业绩，赢得了公司和同事的好评。

你如何评价小吴的两种妆容？对“化妆不只是技术，还是一门艺术、一种生活”这句话，你是如何理解的？

5. 一外商考察团到某企业考察投资事宜，企业领导高度重视，亲自挑选了庆典公司的几位漂亮女模特负责接待工作，并特别要求她们身着紧身上衣、黑色皮裙。但考察团到来后，还没有座谈就找借口匆匆走了，工作人员被搞得一头雾水。后来通过翻译才知道，外商通过观察接待人员的着装，认为这是一家工作及管理制度极不严谨的企业，完全没有合作的必要。原来，该企业的接待人员在着装上犯了大忌。

请你分析接待人员在着装上犯了什么大忌。

6. 小李去一家外企参加应聘总经理助理的面试。为确保万无一失，她做了精心的打扮：一身前卫的衣服、时尚的手环、造型独特的戒指、亮闪闪的项链、新潮的耳坠，身上每一处都是焦点，简直是无与伦比、鹤立鸡群。她的对手只是一个相貌平平的女孩，学历也并不比她高，所以小李觉得胜券在握。但结果却出乎意料，她并没有被这家外企所认可。主考官抱歉地说：“你确实很漂亮，你的服装配饰无不令我赏心悦目，可我觉得你并不适合干助理这份工作，实在很抱歉。”

小李的服饰有什么不当之处？对于这次面试，她应该怎样穿戴才得体？

第三节　交往礼仪，大方得体

【知识精粹】

交往礼仪泛指人们在社会交往活动过程中形成的应共同遵守的行为规范和准则。具体表现为礼节、礼貌、仪式、仪表等。现代交际礼仪泛指人们在社会交往活动过程中形成的应共同遵守的行为规范和准则。交往礼仪要做到平等互尊、团结友善、诚实守信、互利互助。

1. 介绍礼仪

介绍他人时必须遵守“尊者居后”的原则。介绍他人的主要方式有：标准式、简介式、强调式、推荐式。在较正式的社交场合中，介绍他人的顺序大致有如下几种：（1）先将男士介绍给女士；（2）先将晚辈介绍给长辈；（3）先将主人介绍给客人；（4）先将学生介绍给老师；（5）先将家人介绍给同事、朋友；（6）先将未婚者介绍给已婚者；（7）先将职位低者介绍给职位高者；（8）先将晚到者介绍给先到者。

2．拜访礼仪

拜访他人前，拜访者应先通过电话、书信或当面告知的方式，提前预约拜访时间、地点和人员。

3．名片礼仪

要想充分发挥名片的礼仪功能，就必须合乎礼仪地使用名片。社交者在接受名片时，因恭敬接受、认真阅读、妥善存放、回递名片。

【巩固练习】

一、填空题

1. 称呼是____。称呼还直接反映了__________与心态。

2. 在社交活动中，在不同场合需要采用不同的称呼。生活中的称呼具有________、自然、准确、________的特点。公务活动中的称呼具有正式、________、规范的特点。在多人场合，称呼应遵循先长后幼、____________________、先上后下、__________的原则。

3. 自我介绍的方式有________、______________、____________、礼仪式和问答式五种。

4. 自我介绍的顺序是：主人与客人相互介绍时，______应先作自我介绍。男士与女士相互介绍时，______应先作自我介绍。长辈与晚辈相互介绍时，______应先作自我介绍。职位高者与职位低者相互介绍时，职位______应先作自我介绍。进行自我介绍时，一般应保持站立姿势，面带______，目光______，语气_____，举止庄重、大方，表现出亲切、______、友善的态度。

5. 介绍他人必须遵守“__________”的原则。在较正式的社交场合中，介绍他人的顺序大致有如下几种：① 先将____士介绍给_____士；② 先将____辈介绍给____辈；③ 先将主人介绍给客人；④ 先将学生介绍给老师；⑤ 先将家人介绍给同事、朋友；⑥ 先将____婚者介绍给____婚者；⑦ 先将职位____者介绍给职位___者；⑧ 先将晚到者介绍给早到者。

6. 介绍他人的方式主要有____________、______________、____________和推荐式。

7. 介绍他人时除了应注意时机、顺序、方式和内容外，还应注意：了解情况和意愿、注意态度和姿势、____________________。

8. 当一人与多人同时握手，要注意握手的顺序：主人与客人之间，_____应先伸手（送客时由客人先伸手）；年长者与年轻者之间，______者应先伸手；女士与男士之间，应由_______先伸手；平辈的朋友相见时，先伸手为敬；在公务活动中，身份和地位不同等者之间，应由身份尊贵者和地位高者先伸手。同多人握手时，可由身份、地位的高低依次进行，也可按先女士后男士、先已婚者后未婚者或由近而远的顺序依次进行。握手的顺序规则主要用来律己，而不是用来____________。

9. 握手的禁忌：切忌用____手与他人握手，特别是在与阿拉伯人、印度人打交道时，因为信奉伊斯兰教和印度教的人都认为左手是不洁净之手，用左手握手有侮辱对方的意思。切忌戴着_____、墨镜或帽子与他人握手，但女士着礼服戴薄纱______时例外。切忌拒绝与他人握手，若有手疾或手不干净，则应_______，以免造成误会。切忌争先恐后地与他人握手，而应等他人握手结束后，再伸手相握。握手时，切忌将另外一只手插在衣袋里或用另外一只手拿着东西。握手时，切忌______、心不在焉或面无表情。握手时，切忌只握对方的指尖。切忌在与他人握手后立即擦拭自己的手或洗手。当对方正忙于其他事务（如打电话、与他人交谈、用餐等）时，不宜与其握手，可采用________、________等方式致意。

10. 在社交活动中，名片的用途有：____________、保持联络、___________、充当留言单。递送名片时，应主动起身走上前去，面带______，注视_______，将名片正面朝上、文字正对对方，用双手的拇指和食指持握名片上端的两角，举至____，上身略微前倾，恭敬地递给对方，并简单地________或说些谦恭的话，如“这是我的名片，请多关照”“希望我们保持联系”等。递送名片的顺序是：① ___士先向____士递送；② 辈分较____者先向辈分较____者递送；③ 职位较____者先向职位较____者递送；④ 主人先向客人递送。

11. 为了表示友好，社交者在接受名片时应遵循的礼仪规范有：恭敬接受、_____________、妥善存放、___________。委婉索取名片的方式有：_________。先将自己的名片递送给对方，进而通过对方的回赠获得其名片。__________。对于长辈或身份地位比自己高的人，可采用谦恭的方式索取名片，如：“李教授，您的演讲真精彩，非常高兴能够认识您，请问以后怎样向您请教呢？”__________。对于平辈或身份、地位与自己相仿的人，可直接采用寻求联络的方式索取名片，如：“认识您真高兴，希望以后能与您保持联系。”

12. 话题是交谈的主要内容，在与他人交谈时选择_________话题，不仅能体现良好的风度和_________，而且能创造一个良好的________________，促进社交活动的顺利进行。社交者在与他人交谈时，宜选择以下话题：________________、擅长的话题、_______________、轻松的话题。

13. 与他人交谈时，应回避对方忌讳的话题，具体包括__________、宗教问题、商业秘密、个人隐私（如年龄、婚姻状况、收入、身高、体重等），以及庸俗低级、__________的话题（如淫秽传闻、疾病、死亡、灾祸、惨案等）等。若不经意提到以上话题，则应立即表示歉意并___________。

14. 良好的交谈态度可以通过表情自然、__________、__________、适当交流等方面体现出来。与他人交谈时，语言应当________、__________。首先，应善于使用一些约定俗成的礼貌用语，如“您”“谢谢”“对不起”“再见”等。其次，应尽量避免一些________的语句和说法，切忌说粗话、脏话等，对于不宜明言的事情，可以用_______词句予以表达。例如，想要上厕所时，宜委婉地说“对不起，我去一下洗手间”或“不好意思，失陪一下”等。

15. 赞美他人应当翔实具体、________，切忌无中生有或________，否则会萌生讽刺之意，进而弄巧成拙。

16. 幽默是机智和______的产物。在言谈中，幽默具有_______的功能，同时也是一种含蓄而________的境界。幽默使批评变得委婉而有效果，它也往往是紧张气氛的缓冲剂，能使对方__________，又能自我解嘲。

17. 电话礼仪的基本要_______、__________、___________、语气柔和、过程专一。拨打电话礼仪：一是时间选择。若打电话到受话人的单位，应根据对方的工作时间来确定拨打时间。若打电话到受话人的住所，则__________________拨打时间。若确因紧急事项而______________________________，通话之初应道歉并说明理由。二是环境选择。拨打电话时，应选择________的通话环境，并考虑受话人接听电话时所处的环境。此外，若通话内容涉及机密或隐私，还应确保通话环境的________。三是耐心拨打。拨打电话时，应耐心地等待________________。一般而言，若铃声响过 6 声后还是无人接听，就可_________。切忌在铃响未过 3 声时就挂断电话或挂断后重复拨打。四是礼貌通话。通话表述应符合礼仪规范，不应高调门，“语惊四座”；口气应__________，热情亲切。五是有序挂断。通常，通话双方无身份、地位的差别时，应由______人先挂断、受话人后挂断；通话双方的身份、地位差别较大时，应由身份、地位____者先挂断。

18. 接听电话的礼仪：________、__________、__________、特殊电话的接听。在日常工作中代接电话时，应做到_________，尊重隐私，__________，及时转达。

19. 拜访他人之前，拜访者应通过__________、书信或当面告知的方式提前预约，以免拜访者扑空或______受访者的日程安排。预约的内容包括_________、______和人员。拜访的过程要注意__________、__________、___________、应邀入座、举止稳重、言谈得体这几个方面。

20. 在拜访者到来之前，作为主人的受访者通常应本着主随客便的原则做好以下准备工作：了解客人信息、__________、__________、_________、安排宴席和住宿、预备交通工具、_______________。

21. 在引导礼仪方面，进入有人管理的电梯，主人应主动后进____出。进入无人管理的电梯时，主人应当____进去，____出来，以便为客人控制电梯，具体做法为：主人先进入电梯，用手按住“_______”按钮，礼貌地请客人进入，客人安全进入后方可关门；出电梯时，主人应用手按住“_____”按钮，并礼貌地请客人先出，待客人全部走出电梯后，再迅速走出电梯为客人指引方向。引领客人进入室内时，主人应主动为其____________，并做到“门朝内开己先入，门朝外开客先入”。客人进门时，主人应扣住门板并做一个“__________”的姿势，待客人进入室内后，再轻轻关上门。

22. 做客基本礼仪：拜访任何人都要事先约定，以便主人________。不宜选择对方较忙或吃饭时间拜访，最好按对方的意思确定拜访________。拜访前要整理好自己的服饰，仪表必须要整洁大方。到达拜访对象家门口时，不要长时间按着门铃，若没有门铃，敲门最多只敲___次即可。入室前要在门垫上把鞋子______，在门口换好拖鞋后方可进入室内，脱下的外衣应放在指定的位置。随主人进入_______，要向主人的家人礼貌地打招呼。对主人的招待要致谢。在交谈过程中，要善于倾听提问，做出_____反应。如果送礼，应在见面或道别时拿出来奉献给主人。告辞时应向对方家人表示谢意，尤其是向长辈打招呼，还要请主人“______”。

23. 善待来客，是中华民族的传统美德。通常说的款待客人，这其中的“款”字，就是________的意思。对于来访的客人，不论年长年幼，交往深浅，都应平等对待，________。当然热情也应该有度，如果过于______，也会令客人局促不安，感到不自在。

24. 当客人进入房间后，我们应礼貌地_______，为其_____，与其____。要注意的是，即便是自己不熟悉或不喜欢的来客，也不能躲在自己的房间里不出来，假装自己不在家，或者对客人不闻不问，甚至_______，这些都不符合待客之道。

25. 当客人提出告辞时，主人一定要______。在热情挽留之后，若客人_______，则应等客人起身后，再起身相送。切忌在客人刚提出告辞时就积极地_________，或者以某种动作、表情暗示送客之意。客人辞行时，主人应与之握别，对其来访表示_____，请其多多包涵接待的不妥之处，道惜别之语（如“慢走”“常联系”“欢迎再来”等），并________。对于本地的客人，一般应将其送到门口、电梯口、楼下或其乘坐车辆的驶离之处，目送客人_____，待对方完全离开视线后，才能返回；对于远道而来的客人，则应将其送至车站、码头或机场等处，待对方______后，才能返回。

二、判断题

1. 在一般的社交场合作自我介绍时，介绍内容应包括姓名、所在单位及部门、担任的职务。（　　）
2. 男士与女生握手时，轻握手指即可，不用虎口对虎口。（　　）
3. 握手时，应由身份、地位低者先伸手。（　　）
4. 递送名片时，应将名片正面朝上、文字正对对方，用双手的拇指和食指持握名片上端的两角，举至胸前，上身略微前倾，恭敬地递给对方。（　　）
5. 与他人言谈时，应选择自己感兴趣的话题。（　　）
6. 上司与下属通电话时，应由上司先挂断。（　　）
7. 主人续茶时，客人应用双手端起或扶住茶杯并致谢，切勿不闻不动。（　　）
8. 主人引导客人上楼时应让客人走在后面，下楼让客人走在前面。（　　）

9. 待客时，背向门的座位为尊，此座位应礼让客人。（　　）

【拓展训练】

1. 小李在学校成绩非常优秀，为此同学们给他起了一个绰号“超人”。毕业后，小李顺利地进入一家外地大型企业工作。一晃八年过去了，小李现在已成为公司的部门经理。今年国庆节，小李带着妻子和孩子到老家兰州探亲。一天，他和妻子去大剧院观看音乐剧，刚刚落座，就发现有3个人向他们走来。其中一个人边走边伸出手大声地叫：“喂！这不是超人吗？你怎么回来了？”这时，小李才认出说话的人是他的初中同学小张。小张初中毕业后跑到南方去做生意，赚了些钱，如今回到兰州注册公司当起了老板。今天正好陪着两位从香港来的生意伙伴一起来看音乐剧。这对生意伙伴是他交往多年的年长的香港夫妇。此时，小李和小张彼此都既高兴又激动。小张大声寒暄之后，才想起了小李身边还站着一位女士，就问小李身边的女士是谁。小李这时才想起向小张介绍自己的妻子。待小李介绍完毕，小张高兴地走上去，给了小李妻子一个拥抱礼。这时小张也想起该向老同学介绍他的生意伙伴了。

上述场合的见面礼仪有无不符合礼仪要求的地方？若有，请指出来，并说明正确的做法是什么。

2. 甲公司打算从乙公司购买一批办公用品。乙公司派销售部负责人王某上门洽谈购销事宜。于是，王某提前致电甲公司总经理李某，约定了拜访时间。到了约定日期，王某比预订时间提前2小时到达，而此时李某正在接待其他客人。由于没料到对方会提前到访，李某只好让秘书先接待王某，并请王某在办公室稍等一会儿。在等待过程中，王某往沙发上一靠，一边吸烟一边悠闲地环视李某的办公室，不时还从沙发上站起来在办公室里走来晃去，最后还随手翻看了茶几上的一些资料。王某正在翻看资料时，李某进入办公室，准备与王某商谈合同事宜，但看到眼前的一幕后，便没有再提签订合同的事。随后，李某与王某寒暄了几句，便托词离开了办公室，最终未与王某签订办公用品购销合同。乙公司因此丢失了马上就要到手的生意。

甲公司为什么没有与乙公司签订办公用品购销合同？乙公司销售部负责人王某在拜访甲公司总经理李某时有哪些失礼之处？

3. 小李刚参加工作不久，公司举办了一次全国经销商代表会议，邀请国内各地经销商参加。作为接待人员，小李当天早早来到机场，等到来参加会议的人时，他便开口说：“您好！是来参加我公司经销商代表会议的吗？您的单位及姓名说一下，以便我们安排好就餐与住宿问题。”小李有条不紊地做好了记录。由于客人很多，公司安排了一辆大型商务车迎接客人，小李在安排客人上车后，自己坐在前车门右侧位置。到达会场所在地后，小李走在客人左侧为客人引路，并注意与客人同步行走；进电梯时，小李首先进去，然后才引导客人进去。

上述案例中小李在接待工作中有何失礼之处？正确的做法是什么？

第四节　校园礼仪，尊师重道

【知识精粹】

在校园里，要尊敬师长，爱护同学，不说脏话，不乱扔垃圾，不随地吐痰，注重个人修养，与人为善。营造良好的宿舍礼仪，应做到互敬互让，尊重隐私，维护集体生活秩序，注意公共卫生，注意公共安全及宿舍交往礼仪。

【巩固练习】

一、填空题

1. 在校园中与老师交往时，学生应做到以下几点：（1）学生应能_______老师、_______老师，服从老师的正确管理和教育，要勤奋好学、虚心求教。（2）学生要_______、按时、独立完成作业，对老师在作业本上的批改要认真领会。自己犯了错误要勇于承认，及时______。（3）学生进老师的办公室或宿舍时，应先______，经老师允许后方可进入。在老师的工作、生活场所，不能随便翻动________。（4）学生对老师的相貌和衣着不应指指点点、评头论足，要尊重老师的____________。（5）与老师谈话时，要做到“________”：身到、眼到、耳到、口到、心到。（6）在校园里遇到老师应热情问候，____________。

2. 同学之间的______、_______，是建立良好同学关系的基本前提。同学之间交往礼仪是：相互尊重、________、_________、_________、_________、团结进取。

3. 预备铃响后，应立即进入教室。不要__________，更不要___________。准备好上课用品，或者利用这段时间预习上课要讲的内容。关掉所有_________，等候老师的到来。这是一种应有的______，也是对老师的______。在课堂上，要注意力集中，认真听老师讲解，做好笔记。当老师提问时，应该________，待老师点到你的名字时才可站起来回答。不能坐在座位上就七嘴八舌地发言或在老师没点到自己名字时就抢先发言，也不能随意打断_________。发言时，身体要立正，态度要落落大方，声音要__________。听课过程中，如对老师所讲述的内容有异议，最好下课后单独找老师交换意见，共同讨论。若非提不可，也要注意提问方式，态度要诚恳、谦虚、恭敬，不可扰乱_________，影响老师的授课计划。下课铃响时，若老师还未宣布下课，学生应__________，而不要忙着收拾书本、把桌子弄得乒乓作响或离开教室，这是对老师的_________。课间休息时，应主动为老师擦黑板，但不要忘了先征求老师的意见。

4. 宿舍是学生共同休息和生活的场所，规范的宿舍礼仪是维护______的宿舍关系，营造良好的___________的重要保障。宿舍礼仪：____________________________、维护集体生活秩序、____________________、___________________、宿舍交往礼仪。

5. 食堂礼仪：_________________________；____________________，勤俭节约。

6. 学生参加升旗仪式，衣着应________________。升旗前，全体学生应列队整齐，面向国旗。升旗时，要立正、脱帽，表情庄重，行______礼。唱国歌时应严肃、准确，声音洪亮，不可嬉笑打闹或_________。

7. 运动会礼仪：如在有看台或固定座席的地方观看比赛，应______几分钟入座；比赛进行中，不要随意____________或者站在别人面前观看比赛。比赛开始后，要适时加油、喝彩。但不能忘乎所以地___________、________。不要给对方参赛同学鼓倒掌、起哄。不要向赛场、参赛同学、裁判老师投掷物品。参赛同学下场时，观众应报以热烈的掌声表示_____。如果条件允许，观众可以在场边与参赛同学握手或拥抱表示祝贺。若本班同学失利，要面对现实、保持冷静，不要恶语中伤，而应给予安慰与_________。

二、判断题

1. 为了团结同学，对同学的缺点要包庇袒护。 (　　)

2. 听课过程中对老师所讲述内容有异议，可以立即提出来。 (　　)

3. 天气热时，学生可以穿拖鞋、背心到教室上课。 (　　)

4. 在图书馆阅读某些书籍时，可以轻声朗读。 (　　)

5. 关系好的宿舍室友之间可以打听对方隐私。 (　　)

6. 在食堂打饭时，遇到认识的同学可以插队。 (　　)

【拓展训练】

1. 物理课上，老师正用幻灯片进行讲解，内容丰富，形式多样。但这种方式并没有吸引学生，台下的学生各做各的事情，有的同学睡觉，有的同学看杂志，有的同学玩电脑……

上述学生行为是否恰当？我们需要遵守哪些礼仪，才能成为一个讲文明讲礼仪的好学生？

2. 情景一：在夏季的课堂上，有些同学经常穿着背心、短裤和拖鞋去上课，并习以为常。他们认为，“穿衣服是我自己的事儿，不会妨碍别人。”情景二：图书馆里，小明和小华因一个问题起了争执，声音越来越大……情景三：宿舍里，小刚不与同学打招呼就留宿校外朋友；当大家都在午休时，小鹏却在给家里打电话，而且声音特别大。情景四：在食堂，小丽去晚了，看到队伍排得很长，就跑到认识的同学那里插队。

请运用所学知识分析上述学生的行为是否恰当？正确的做法是什么？

3. 1959年的春天，朱德在云南政治学校礼堂看戏。开演前，朱德正和身边观众谈话，这时，一位老人由服务员引了进来，朱德一眼便认出这位老人是自己早年在云南陆军讲武堂学习时的教官叶成林，于是急忙起身上前，立正敬礼。礼毕又紧紧握住老人的双手，亲切地呼唤“叶老师!”然后请叶老入座，待老人坐定后他才坐下。

上述案例对你有什么启发？

第五节　家庭礼仪，幸福和谐

【知识精粹】

体贴爱护长辈不应只体现在物质给予上，更要体现在对长辈的精神帮助上。当长辈管教自己时，我们一要虚心听取，二要表示感激，三要知错就改。不要顶撞长辈，不要过分地夸大长辈与晚辈之间的“代沟”，更不要片面地认定长辈就是“守旧”“落伍”“老糊涂”。

【巩固练习】

一、填空题

1. 当长辈管教自己时，我们一要__________，二要__________，三要知错就改。不要顶撞长辈，不要过分地夸大长辈与晚辈之间的“______”，更不要片面地认定长辈都是“守旧”“落伍”“老糊涂”。我们要学会从长辈的管教中取长补短、不断进步。对长辈来说，晚辈的点滴进步和成绩都是对他们最好的安慰和_______。

2. 一般来说，对长辈的体贴关爱不仅要体现在物质给予上，更要体现在对长辈的_______帮助上。平时应多陪伴长辈。对待_____，我们应该常怀感恩之心，体谅父母的良苦用心，并在力所能及的范围内帮助父母_______。随着年龄的增长，长辈的身体渐渐衰老，有的行动困难、百病缠身。作为晚辈，我们应多抽时间_________，多说一些开心的事，让长辈感受生活的阳光，保持心情舒畅。

3. 在家庭里同辈之间要做到_____________、_______________。

4. 有人会说，兄弟姐妹之间非常熟悉，想说什么就说什么。但是_________会在不经意间伤害彼此的自尊心，给亲情带来不利影响。这就要求我们处理兄弟姐妹关系时也要注意方式方法，以体现对对方最起码的_____。兄弟姐妹之间的爱护，应该是无条件且不求任何回报的。对于哥哥姐姐给予的_______，年幼的弟弟妹妹要______，尤其是哥哥姐姐出于爱护而进行的批评，要乐于接受。

5.“爸爸”“妈妈”，这是世界上最______，也是我们生命中最亲近的人。可是，随着年龄的增长，我们和父母的交流越来越少了。即使有时候我们对父母的教诲有抵触情绪，也应尽力克服_________，多与父母沟通。只有通过沟通，才能消除与父母的隔阂。现阶段人们的生活压力很大，减轻压力的最好办法就是__________，而父母就是最好的________。只要我们和家长相互理解，彼此尊重，沟通应该是一件简单而快乐的事。父母也是普通人，免不了有犯错的时候。作为子女，遇上父母有失误时切不_________，与父母大吵大闹或对其不理不睬。这样只会适得其反，深深伤害_______。

二、判断题

1. 如果家庭出现的矛盾是家长的行为过失所致，靠耐心或解释不能解决问题时，

我们可以不理不睬。（ ）

2. 一般来说，对长辈的体贴爱护主要体现在对长辈的物质给予上。（ ）

3. 由于父母与自己不是一个时代的人，思想有代沟，所以没有必要与父母沟通自己的学习、交友等情况。（ ）

4. 兄弟姐妹之间的爱护，是无条件且不要求任何回报的。（ ）

5. 家庭拜访时，对迟到的其他客人，要起立迎接。（ ）

6. 客人到来前要做好卫生清洁工作。在整理房间时，可以把不希望来客关注的物品收起来。（ ）

【拓展训练】

1. 在家庭生活中，我们常常会因为一些小事而和自己的父母、兄弟姐妹等亲人发生摩擦和冲突，但是事后又会因为过激的言行而内疚和后悔。请同学们结合所学知识，讨论一下我们应当遵守什么样的礼仪准则来避免此类事件的发生。

2. 小明的奶奶过生日，在家里摆筵席招待客人，其中有很多好吃的菜，小明一回到家里就抓起筷子猛吃，连招呼都不打。妈妈看见了，狠狠地把小明批评了一顿。小明非常生气，后来饭也不吃了。客人走的时候，他一个人躲在房间里，也不出来送客。妈妈很生气，觉得他不懂礼貌，奶奶也很伤心，觉得小明不尊重她的客人。

小明的哪些行为不符合礼仪？正确的做法是什么？

第六节　公共礼仪，举止文明

【知识精粹】

1. 外出礼仪

在外出旅游或公园游玩时，应该爱护公物、礼让他人、讲究卫生、文明拍照。观看体育比赛时，应自觉遵守赛场秩序，对本方运动员和对方运动员都应加油助威，对精彩表演都应掌声鼓励。拍照时不要使用闪光灯。

2. 医院礼仪

在医院就诊时，如果对医生的诊断有怀疑，可以委婉礼貌地向医生说明情况，请医生再做考虑。如果认为医生对疾病做了不当处理，应认真询问处理依据，不可纠集亲友聚众闹事，而应通过其他合法合理的途径来解决问题。在探望病人时，需要注意时机恰当、礼品合适、话题轻松、适时告辞四个方面的礼仪。另外，探病者在病房逗留时间不可太长，一般以 10 分钟左右为宜，时间过长会影响病人休息。

【巩固练习】

一、填空题

1. 大家在道路上行走时要注意以下礼仪：步行要走______，过马路要走人行横道（斑马线）、过街天桥或地下通道，要服从__________的指挥，不闯红灯。步态端正，__________。路遇熟人和朋友要主动打招呼，但不必__________，以免惊扰他人。道路比较拥挤时应相互礼让，并给老弱、妇幼和病残者让路。当需要问路时，要礼貌地向别人打招呼，要根据性别、年龄的不同使用________。

2. 骑自行车时应该__________________________________，这是最基本的规则。

3. 上下楼梯时，应当注意以下礼仪规范：靠___行走，左侧留给有急事的人快速通过；单排行走，不要______，以免妨碍后面的人通行；为人带路上下楼梯时，带路者应走在前面，________走在后面；上下楼梯时不应停在楼梯口进行交谈，给别人行走带来不便；要注意与身前、身后的人保持一定距离，以防碰撞。不管自己有多么紧急的事情，都不应________他人；与尊者、异性一起下楼时，若楼道过陡，应_____________，以防身后之人有所闪失。

4. 乘客在车上不能随地吐痰和______，不要将头、_____等探出窗外。携带尖、硬、易破碎的物品上车时，除应妥善包裹，还应适当安放，以免伤害他人身体。下雨天上车后，雨伞的尖顶部分_______，以免戳伤别人。

5. 乘坐火车时要：____________、______________、举止得当、__________、有序下车。

6. 影剧院礼仪：要摘下帽子，以免_____________。坐姿要稳重，不要左右晃动。自觉遵守场内规则，不吃_______，不________，保护场地卫生。观看节目时保持安静，不要大声_____、窃窃私语、附唱或以手拍击，或在演出、放映过程中解说和品评。在观看中应关闭手机或将手机铃声________。在节目演出、影片放映过程中，不应___________，不得已须中途退场时应慢步轻声，并尽可能在幕间休息时退出。演出的节目不对口味或演员表演出现失误时，应给予谅解，不应喝倒彩、吹口哨、起哄或做出其他有辱人格的举动。看电影时如中途断片，应耐心等待，不要____________、喧哗。

7. 入住到客房以后，要注意文明。不要__________，不要在墙上乱涂乱画，不要弄脏家具的表层。入住人员对待客房的______________，体现了一个人的品质和文化修养。

8. 对公共设施和树木花草应_______，不应随意在树木、雕塑、建筑上攀高、乱摸、乱碰、肆意_______。对文物古迹更应倍加爱惜，不应_____、乱刻、乱画、乱摸。

9. 在旅游景点拍照时，应________，不允许拍照的不能__________；拍照时不能践踏草坪、攀折树枝，不要攀爬_______等；在拍照时应相互谦让，不能争抢拍照位置，也不要妨碍他人，__________。

10. 如果对医生的诊断有怀疑，可以委婉礼貌地向医生__________，请医生再做考虑。如果认为医生对疾病做了不当处理，应认真询问________，不可纠集亲友聚众闹事，而应通过其他___________的途径来解决问题。

11. 探望、慰问病人是人之常情，要做到有礼有节。在探望病人时需要注意：时机恰当、_____________、______________、适时告辞。探望病人一定要提前预约，了解_____________和病人接受治疗的安排后再去探望。不要在病人刚住进医院或刚做完手术便去探望，以免影响病人的________和休息。探病者去医院探望病人时，表情宜轻松、自然、乐观，神态不要过于________，更不要在病人面前落泪，以免给病人造成___________。

二、判断题

1. 在商城、机场或娱乐场所乘自动扶梯时，要自觉站在左侧。（ ）

2. 乘坐出租车时，可在车上随意与司机交谈。（ ）

3. 在电影院通过让座者时切勿让自己的正面对着别人的脸。（ ）

4. 观看比赛时，不能随地吐痰，不乱扔果皮、瓜子壳等废弃物。（ ）

5. 旅游时，可在游览地的石头上写上“到此一游”的标语。（ ）

6. 可在病人刚住进医院或刚做完手术时前去探望，以示关心。（ ）

【拓展训练】

1. 在某地一辆公共汽车上，两名乘客发生了争吵。乘客甲：“往里走，塞在门口干什么？”乘客乙：“我站哪里关你什么事？”乘务员：“大家别吵，互相礼让一下，距离远的乘客请往里走。”乘客乙：“我就爱站在这个门口边上，我不走。”乘客甲：“你走不走？我待会儿要下车，这个地方让给我。”乘客乙：“你算老几？我为什么要听你的？”

案例中两名乘客的交谈语言有哪些不妥之处？正确的处理方法应该是什么样的？

2. 北京颐和园，多名男性游客对着外墙小便；浙江杭州，游客脱去鞋袜在西湖水中泡脚；陕西西安，几名女青年为逃票选择爬城墙；江苏夫妇因航班延误大闹香港机场……

当这种新闻不断地出现在我们的视野中时，我们应从中吸取什么样的教训？如果你下次去旅游观光，哪些礼仪问题需要注意？

第七节　餐饮礼仪，中西有别

【知识精粹】

1. 宴会礼仪

接到宴会的邀请后，要根据邀请方的具体要求，尽早、尽快地告诉对方能否出席，若由于特殊情况不能出席，应及早向主人解释、道歉。出席宴会活动时，抵达时间的迟早、逗留时间的长短等，在某种程度上反映了对主人的尊重。迟到、早退或逗留的时间过短，会被视为失礼或有意冷落主人。

2．中餐礼仪

中餐的上菜顺序是凉菜—汤—燕鲍翅—海鲜—特色菜—小炒—素食—主食—甜品—水果。应从客人左侧上菜。用餐完毕后，筷子应放置在筷架上；席间暂时停餐，可以把筷子并拢、纵向搁在碟子或者碗上；不再进餐时，将筷子横向搁在碟子或碗上。

【巩固练习】

一、填空题

1. 宴请是____餐饮活动，____重要手段。宴请的形式一般有四种：__________、__________、茶会和工作餐。

2. 宴会是指________________的设宴招待，是宾主在一起________、吃饭的聚会，按其隆重程度和出席规格，又可分为国宴、______________、便宴和家宴。

3. 招待会是一种____________________的宴请形式。招待会一般备有食品和酒水饮料，不排固定席位，宾主活动不拘形式。常见的招待会有冷餐会和______两种。

4. 茶会是一种______的招待形式，多为社团举行纪念和庆祝活动所采用。茶会通常在客厅内举行，厅内设茶几、座椅，周围摆设花卉。入座时，一般主宾同主人安排在一起，其他人_______就座。

5. 宴请的组织工作：____________________________________；确定时间和地点；宴请邀请；______________；席位安排；_____________；现场工作。

6. 宴请的时间应对__________________都适宜，一般要与________商量，征求客人的意见，尽量避开节日、假日和客人工作繁忙的日子。一般正式的、隆重的宴请活动安排在_____________________内，其他可按宴请的性质、规模、形式以及主人意愿和________________而定。

7. 正式宴会一般要事先__________，既要遵守礼宾次序原则，又要有灵活性，使席位安排有利于增进友谊，方便席间交谈。安排席位时，要___________，主宾在女主人的右方，主宾夫人在男主人的右方，男次宾在女主人的左方，女次宾在男主人的左方，如此依次排序。主人方面的陪客应尽可能________在客人之间。非正式宴会_________，但就座要有上下之分。

8. 接到宴会的邀请后，要根据邀请方的具体要求，尽早、尽快地告诉对方能否出席，以便______安排。答复对方时可________或者回复便函。若由于特殊情况不能出席，应及早向主人解释、_______。应邀出席前应核实宴请的主人身份、举办______、举办______，是否邀请______，以及主人对服装的要求等，以免失礼。

9. 出席宴请活动时，抵达时间的早晚、_____时间的长短等，在某种程度上反映了对主人的______。迟到、早退或逗留的时间过短，被视为失礼或________主人。身份高者可略晚抵达，一般客人应略___抵达。

10. 用餐礼仪：对号入座后，不要急于________，应先和左右客人交谈一两句。餐巾应铺在_______上，不要塞在下巴下。餐巾仅用于擦拭_________，不能擦拭餐具。每道菜应先通过转盘转到主人和主宾之间，请他们先尝。需要分菜或倒酒时应先给______，再顺时针为其他客人服务。祝酒词要有_______，不失高雅。若不会饮酒，可事先言明喝______。

11. 在社交场合，无论天气如何炎热，都不能当众解扣脱衣。小型便宴中，如主人请客人宽衣，男宾可脱下外衣搭在椅背上。喝茶或咖啡时，要用________拿杯把，________端小碟。吃水果时，不要整个拿着咬食，要根据水果的不同特点，先借助水果刀进行分解，然后食用。

12. 若宴会中发生_____情况，如用力过猛使刀子撞击盘子发出声响，或餐具掉落、打翻酒水等，要向邻座人说声“________”。掉落餐具时可唤服务员另送一副，若打翻的酒水等溅到邻座人身上，应表示_______并协助擦掉。

13. 中餐入座的先后顺序应遵循先______、后_____的原则。如果是在饭店用餐，也可以由服务生引导入座。坐下后姿势要_______，脚踏在自己的座位下，不可任意伸直，以免踩到_____。自己的手肘不要靠在桌子边上，更不要将手放在邻座椅背上。点菜时，不要选择_______的菜，同时也不宜点_______的菜。中餐的上菜顺序是凉菜—汤—燕鲍翅—海鲜—特色菜—小炒—素菜—主食—甜品—水果。应从_____左侧上菜。

14. 一般餐桌上为用餐者准备茶水、饮料和_______，饮用时尽量不要_____。宴会进行时，如果没有服务员，主人必须从客人____侧为所有客人倒酒。用餐时不宜一边饮酒，一边_______。使用牙签时应用手_________，迅速剔完。不能将牙签始终含在嘴里或拿在手中__________。用完后需将牙签扔入烟灰缸或垃圾桶中。

15. 西餐餐具的摆放方法是：座位前正中是_______（又称装饰盘），垫盘上放餐巾。盘左放_____，盘右放_____、匙，刀尖向______、刀口朝盘，主食盘靠左上方，饮具靠右上方。正餐的刀叉数目应与上菜的道数相等，并按上菜顺序由外至里排列，用餐时也________依序取用。饮具的数目、类型应根据所上酒的品种而定，通常的摆放顺序是从右起依次为葡萄酒杯、香槟酒杯、啤酒杯（水杯）。使用刀叉的基本原则是___手持刀，____手拿叉。刀叉的拿法是轻握尾端，食指按在柄上。汤匙的握法与_____的方式相同。如果感觉不方便，可以换右手拿叉，但尽量不要频繁更换。

16. 按照西餐的传统，主菜若是肉类，应搭配____酒，鱼类则搭配____酒。对酒不大了解的人，最好告诉调酒师自己挑选的菜色、预算和喜爱的酒类口味，请调酒师帮忙挑选。饮酒前要______摇动酒杯，让酒与空气接触以增加酒味的醇香，但不要猛烈摇晃杯子。喝酒的顺序是先喝_____酒，后喝____酒；先喝浅色的酒，后喝深色的酒；先喝_____的酒，后喝_____的酒；先喝酸的酒，后喝甜的酒。

二、判断题

1. 宴会上，为表示对主宾的尊重，主宾的座位应在主人的左侧。（　　）

2. 吃中餐时，每道菜应先通过转盘转到主人和主宾之间，请他们先尝。（　　）

3. 吃中餐时，如果将筷子横向搁在碗或碟子上，表示已吃饱，不再用餐。（　　）

4. 吃西餐时，一般应将餐巾塞入领口。（　　）

【拓展训练】

1. 在一次宴会上，教授携夫人和自己的学生坐在一起。其中，有位学生是一家公司的老总，他做东宴请教授和教授的其他学生。做东的学生坐在教授的对面，其他的学生随便坐。在吃饭的过程中，有一位同学突然站起来走出房间，但是没有人问他到底去做什么了，大家继续辩论原来的话题。虽然招待很丰盛，但是事后大家对于这次宴会的评价都不高。

在上面案例中，为什么大家对宴会的评价都不高？各方都有哪些失礼之处？

2. 郭某是一家贸易公司的业务经理，有一次，他因为工作上的需要，设宴招待一位远道而来的生意伙伴。在吃饭的过程中，郭某想起身去一趟洗手间，于是就随意将筷子插到了米饭里。等他回来后，发现客人神情有点不自然，招待结束后，客人也没有说什么，就匆匆地走了。

郭某在餐饮礼仪上有何失礼之处？客人为什么对这种失礼行为感到不舒服？

3. 老张的儿子留学回国，还带了位洋媳妇回来。为了讨好未来的公公，这位洋媳妇一回国就诚惶诚恐地张罗着请老张一家到当地最好的四星级饭店吃西餐。用餐开始了，老张为在洋媳妇面前显示出自己也很讲究，就用桌上一块“很精致的布”仔细地擦了自己的刀、叉。吃的时候，老张学着他们的样子使用刀叉，既费劲又辛苦，但他觉得自己挺得体的，总算没丢脸。用餐快结束了，吃饭时喝惯了汤的老张盛了几勺精致小盆里的“汤”放到自己碗里，然后喝下。洋媳妇先一愣，紧跟着也盛着喝了，而他的儿子早已是满脸通红。

老张的儿子为什么会满脸通红？老张在用餐过程中有哪些不合礼仪之处？

第八节　职场礼仪，外圆内方

【知识精粹】

1．服饰礼仪

女士西服有西服套装和西服套裙。西服套裙所选用的面料应为质地上乘的挺括面料，颜色以冷色调为主。套裙必须合身，裙子的长度应以最长到达小腿中部，最短应在坐下时裙子向上缩离膝盖不超过 10 cm 为合身。

2．面试礼仪

在面试过程中，考生应当注意以下几点：（1）坐满椅子的 2/3，上身自然挺直，略向前倾，双膝并拢，双手自然放于腿上；（2）交谈时，将目光集中在对方的眼睛与鼻子之间的三角形位置，每次 15 秒左右，然后自然地转向其他地方，然后间隔 30 秒左右，再转向面试官；（3）时刻保持自然的微笑；（4）在表达时要简洁、清晰、自信、幽默，要多用敬语；（5）仔细聆听面试官的问题和说话的内容；（6）面试结束时，敏锐及时地起身站好与面试官握手，表示感谢，离开之前要把座椅还原，面带微笑，从容地走出办公室，并有礼貌地轻轻关好门。

3．办公室礼仪

与同事相处得如何，直接关系到自己的工作质量、效率及发展。要处理好同事关系，在礼仪方面应相互尊重、关心同事、公平竞争、宽以待人。

【巩固练习】

一、填空题

1. 女性求职前的形象准备：女士面试时，着装要________、大方、_________。职业套装是最简单、最合适的选择。衣服的质地不要太薄、太透，薄和透易给人以不踏实、_______的感觉。皮鞋应该以式样________、没有过多装饰为主，后跟不宜太高，颜色和套装的颜色一致。如果不知道如何配色，最简单的办法就是穿____色的皮鞋。丝袜以透明的近似_____色的颜色最好，且要随时检查是否有_____和破损的情况，最好带一双备用丝袜。佩戴饰物应注意和服装整体的________，最好以简单朴素为主。化淡妆。

2. 男性求职前的形象准备：在春秋和冬季，最好穿正式的_______面试，并查看领口、袖口是否有脱线和______的痕迹；夏天要穿_____袖衬衫，系领带，不要穿短袖衬衫或休闲衬衫。注意脸部的清洁，胡子一定要_______，头发__________。出发前，最好从头到脚再检查一遍，看看扣子是否扣好、拉链是否拉好，领子、袖口是否有破损，衣服是否有褶皱，鞋子是否__________。

3. 面试前的礼仪：____________、____________、举止文明。

4. 应聘者入座后，不要________整个椅子，这样显得太放松随意，也不要只坐椅子的边，这样显得_________。最佳的方式是坐满椅子的 2/3，上身自然挺直，略向前倾，双膝_____，双手自然放于腿上，切忌抖腿、_________。眼神可以传达一个人的自信，也可以表达对面试官的______。谈话时，求职者要自然地注视面试官，千万不要_______，最好将目光集中在对方的眼睛与鼻子之间的三角形位置。每次 15 秒左右，然后自然地转向其他地方，然后间隔 30 秒左右，再转向面试官。不要躲闪或回避面试官的眼神，给人以________的印象。

5. 面试结束时，有的面试官可能用“_____________”等辞令来结束谈话；有的面试官会以起身来示意面试的________。这时，你应该立即停止说话，敏锐及时地起身站好与面试官握手，________。即使你在求职无望的情况下，也应结束谈话，不应再申辩理由，强行“_______”。离开之前要把座椅还原，面带微笑，从容地走出办公室，并有礼貌地轻轻关好门。遇到工作人员或接待人员，要主动点头致谢，并道别。

6. 办公室环境礼仪要注意以下几个方面的问题：办公室_____________，窗明几净，空气流通。办公室内禁止摆放与_____________的个人用品（如餐具、玩具和装饰品等）。_____办公室桌椅、沙发和茶几等办公用具，保持电话机、计算机、复印机和传真机等办公设备的整洁，确保其________。公用的笔、墨水、涂改液、便笺纸、报纸和杂志等办公用品应摆放整齐。个人办公区要保持办公桌位______，桌上不要堆满文件和杂物。

7. 领导对下属有工作方面的_______，对领导在工作方面的安排和指挥，下级必须______。上级布置的工作任务要坚决完成，其正确的意见和指示要_________。如果上级的指示和安排没有失误，即使不符合自己的想法，也要按照上级的安排去做。这不仅是工作顺利开展的重要保证，也是作为下级最基本的_________。

8. 人际关系是____、相互依存的社会关系。只有处理好办公室的人际关系，才能营造________________，顺利开展各项工作。相互尊重是处理好任何一种人际关系的基础，同事关系也不例外。要友好平等地与同事相处，对待同事不仅要做到________，而且要注意不能厚此薄彼。不能在背后议论同事的________和损害同事的________，不要在上级面前诋毁或攻击同事。同事之间经常接触，误会在所难免。如果是自己的____，应主动向对方道歉，以获得对方的______；当对方误会自己时应主动向对方说明，不可“___________”，耿耿于怀。切忌意气用事使事态复杂化，以致产生严重后果。如果问题比较严重，自己实在无法忍受，可请求上级帮助解决，必要时可诉诸法律，但绝不可________。

二、判断题

1. 应聘者入座时，最佳的方式是坐满椅子的 2/3。（　　）

2. 面试时由于不确定是否被录用，所以不需要准备佐证材料。（　　）

3. 有的面试官往往以起身来表示面试的结束。（　　）

4. 遇到失恋等情况时，可以向要好的同事倾诉。（　　）

5. 领导安排工作时如果有不妥当的地方，下级也必须执行。 （　　）

【拓展训练】

1. 如何做到谈吐礼貌文明？

2. 小王是刚毕业不久的学生，他应聘一家私营公司的营销代表。求职信已经投寄出去两个多星期了，可是一直没有得到答复，于是他鼓起勇气直接来到该公司询问。营销经理非常赏识他的这一行为，决定破例先面试他。小王特别高兴，心情也舒畅起来，因而没有太多的顾虑。

“王先生，你为什么选择营销行业呢？”

“其实我原想找个销售计算机的工作，但至今没有找到，所以我就来到贵公司应聘了。”

“我想问的是，你是读计算机专业的，怎么会热爱营销，选择营销代表这一职位呢？”

“因为，我个人认为贵公司的发展前景是很不错的。我想多向你们这些前辈学习知识，毕竟自己还是年轻人，有的是时间和精力。你说是不是？”

“王先生，可能你今天太高兴了，有些问题你还没有说清楚。等你平静后，改天我再约你谈谈，好吗？现在请你先回去等通知吧！”

小王会被该公司录用吗？为什么？

3. 小红是一位非常聪明的姑娘，性格开朗、大方，待人坦诚，喜欢帮助别人。但她总是心中装不下事情，特别是自己的一些事情，总喜欢说给同事听。刚开始，同事都很喜欢她，但时间长了，就开始躲她。她很不理解，索性调到了另一个单位。可过了一段时间，又出现了相同的情况。小红非常苦恼，她自问：“为什么我对别人那么真诚，别人会不 喜欢我呢？”

小红待人真诚，为什么大家却不喜欢她呢？她在礼仪上有什么失当之处？

第九节　民族礼仪，尊重团结

【知识精粹】

当我们与不同的民族交往时，应该求同存异，互相尊重。中国历史悠久，自古以来就是礼仪之邦，除汉族外还有 55 个少数民族，各民族有着不同的生活方式和民风习俗。对民族风俗习惯的态度在一定程度上会影响少数民族的心理感情，他们往往把其他民族对本民族风俗习惯的尊重，看作是对本民族的尊重，把对本民族风俗习惯的轻视，看作是对本民族歧视。因此，一定要从民族平等团结的原则出发，尊重少数民族风俗习惯。

【巩固练习】

一、填空题

1. 民族是指____，是指在历史、文化、语言、宗教或行为方面与________________的群体。我国是一个多民族国家。按照中华人民共和国官方的划分，我国目前有汉族、___族、藏族、蒙古族、_____族、回族、苗族等 56 个民族。在 55 个少数民族中，人口在千万以上的有壮族、回族、满族、维吾尔族，其中____族人口最多，达 1700 多万人。

2. 当我们与不同的民族交往时，应该________，互相尊重。中国人很早就提出了"__________""入乡随俗"的交往原则，与其他民族交往或者去其他民族聚居地之前，要先了解对方的__________，不做出伤害对方情感的任何举动。

3. 壮族的民族礼仪：过去到壮族村寨任何一家做客的客人都被认为是全寨的客人，往往____家轮流请吃饭，有时一餐饭吃五六家。壮族平时也有相互做客的习惯，如一家杀猪，必定请全村各户每家来____人，共吃一餐。壮族招待客人的餐桌上务必备____，方显隆重，敬酒的习俗为"_______"。壮族用餐时须等最年长的老人入席后才能开饭；长辈未动的菜，______不得先吃；给长辈和客人端茶、盛饭，必须____手捧给；先吃完的要逐个对长辈、客人说"慢吃"再离席；晚辈不能落在全桌人之后吃饭。

4. 在日常生活中，回族人见面都要问安。________之间的问候，问者要说"色俩目"（您好），答者要说"_______"（您也好）。回族男子之间互致"色俩目"时，可以互相握手，以示友好，还可以把_____搭在对方的____上，以示非常亲密。也可以把右手抚在前胸，身体微微前倾，表示由衷的敬佩和尊重。回族人把这种礼貌语言称为"_____"，他们只对本民族的人致"祝安词"，不对其他民族致"______"。所以，这种礼仪具有非常浓厚的民族色彩。

5. 藏族在迎接客人时除用手蘸酒________外，还要在五谷斗里抓一点青稞，向空中抛撒______次。酒席上，主人端起酒杯先饮一口，然后_______，主人饮完头杯酒后，大家才能自由饮用。饮茶时，客人必须等主人把茶捧到面前才能伸手接过饮用，否则会被认为_______。吃饭时讲究食不满口，嚼不出声，喝不作响，拣食不越盘。用羊肉待客，以羊脊骨下部带尾巴的一块肉为贵，要敬给最尊敬的客人。制作时还要在尾巴肉上留一绺白毛，表示_______。

6. 献________是藏族待客规格最高的一种礼仪，表示对客人__________和诚挚的敬意。__________是藏语，即纱巾或绸巾，它以白色为主，亦有蓝色或黄色，一般长约 1.5 ~ 2 米，宽约 20 厘米，最好的是蓝、黄、白、绿、红五彩哈达。五彩哈达用于________________（如佛事）。在称呼上，为表尊敬，藏族人民常在对方称谓后加"拉"，如称父母为"爸拉""妈拉"。

7. 维吾尔族人不吃未经念经宰杀的和自死的______肉，不吃未放血的_____，不吃_____肉。吃饭时，客人不可随便拨弄盘中食物，不可随便到锅灶前去，一般不把食物剩在碗中，同时注意不让饭屑落地，如不慎落地，要拾起来放在自己跟前的“______”上。维吾尔族还有忌朝天空或地上吐口水的禁忌，如果朝西方、清真寺、麻扎、坟地等地吐口水则会被认为是______的行为。

8. 一般来说，客人进入蒙古包时不能携带_____、牧鞭、______等物，鞭子要放在包门右侧，且要立放。进入蒙古包后，忌坐佛龛_____，要坐到炉灶的右侧。坐时最好_____，不能乱伸腿或脱鞋，主人端茶敬酒时，要用双手接过来。说话时，不能用刀、筷子等物指主人的______。不能在包内吐痰。否则，客人会被认为没有教养，不懂礼貌，主人会冷待______。

二、判断题

1. 凡有回族聚居的地方就有清真寺。 (　　)

2. 回族和维吾尔族很崇敬英雄，家里一般都有英雄的塑像。 (　　)

3. 在壮族人家里吃饭，晚辈一般最后吃饭，以便收拾碗筷。 (　　)

【拓展训练】

阿乡之前和维吾尔族朋友聚会，在吃饭的时候，大家还小酌了几杯葡萄酒。没过几天，他又要到一位回族朋友家里做客，有过上次的经历，他觉得维吾尔族和回族同样信奉伊斯兰教，礼仪习俗上应该差不多，所以特地带了一瓶葡萄酒过去，准备豪饮一番。

阿乡的认识对吗？维吾尔族和回族的民族礼仪有哪些异同点？

人文素养综合练习题

【综合练习题一】

一、单项选择题

1. 下列选项中，属于礼节的是（　　）。

A. 尊老爱幼　　B. 仪容整洁

C. 举办生日宴会　　D. 见面握手

2. 在与人的交往中，赢得他人信任尊重的前提是（　　）。

A. 自我信任　　B. 自我尊重

C. 自我尊重　　D. 自我宽容

3.（　　）是大地湾古人普遍使用的生活工具。

A. 陶器　　B. 石器

C. 玉器　　D. 铜器

4. 秦国成为称霸西戎的强大诸侯国时，（　　）成为“春秋五霸”之一。

A. 秦穆公　　B. 秦襄公

C. 周幽王　　D. 周平王

5. 陇南山地由北向南可分为（　　）。

A. 北秦岭、徽成盆地和南秦岭　　B. 南秦岭、北秦岭和徽成盆地

C. 北秦岭、南秦岭和徽成盆地　　D. 徽成盆地、北秦岭和南秦岭

6. 关于陇中北部温带半干旱区的说法不正确的是（　　）。

A. 一年一熟　　B. 主要种植春小麦、马铃薯和豆类等植物

C. 两年三熟　　D. 有四季，但冬长夏短

二、填空题

1. 礼仪原则包括__________________、遵守原则、尊重原则、平等原则、真诚原则、宽容原则、适度原则、从俗原则。

2. 旧石器时代的标志性生产工具是_____________，人类以采集和渔猎为生，属攫取性经济。

3. 在夏商周时期，甘肃境内除了周人、秦人外，还有西戎、月氏、________、氐族、羌族和匈奴等民族在这块土地上生活。

4. __________毫米等降水量线是农牧业上很重要的界限，它把甘肃省分成了东南多雨区和西北少雨区。

【参考答案】

一、1. C　2. B　3. A　4. A　5. A　6. C

二、1. 自律原则　2. 打制石器　3. 乌孙　4. 400

【综合练习题二】

一、单项选择题

1. 进入面试房间后，应聘者入座的正确姿势是（　　）。

A. 可以坐满整个椅子　B. 只坐椅子的边缘

C. 坐满椅子的 2/3　D. 可以跷二郎腿

2. 工作人员在日常工作的交谈中可以（　　）。

A. 适当赞美他人，表达对他人的关心　B. 谈及与工作无关的事情

C. 向关系好的同事透露自己的隐私　D. 无顾忌地开同事的玩笑

3. 公元前 213 年，秦始皇把战国时秦、赵、燕三国的长城连接起来，并新修今兰州沿黄河以北的长城，构筑西起（　　）、东到辽东的万里长城。

A. 嘉峪关　B. 临洮　C. 玉门关　D. 敦煌

4.（　　）年 8 月兰州解放以后，甘肃行政公署成立，12 月，甘肃全境获得解放。

A. 1947　B. 1948　C. 1949　D. 1950

5. 下列选项中不是甘肃省特有的少数民族的是（　　）。

A. 哈萨克族　B. 裕固族　C. 保安族　D. 东乡族

6. 人与自然关系演变经过了（　　）四个阶段。

A. 依赖阶段、征服阶段、开发利用阶段及和谐相处阶段

B. 依赖阶段、开发利用阶段、征服阶段及和谐相处阶段

C. 征服阶段、依赖阶段、开发利用阶段及和谐相处阶段

D. 和谐相处阶段、依赖阶段、开发利用阶段及征服阶段

二、填空题

1. 要处理好同事关系，在礼仪方面应相互尊重、关心同事、公平竞争、________。

2. ________年，汉武帝派张骞出使西域。此次出使获得了有关西域的大量前所未有的资料，也向各国介绍了汉朝的情况。

3. 改革开放时期，甘肃商贸城建设的最大成就是建成了西北商贸中心，其显著的标志就是______________________的建成。

4. _________是嘉陵江泥沙的主要来源，也是整个长江流域含沙量最大的河流。

【参考答案】

一、1. C　2. A　3. B　4. C　5. A　6. B

二、1. 宽以待人　2. 公元前 138 年　3. 兰州东部综合批发市场　4. 西汉水

【综合练习题三】

一、单项选择题

1. 探病者在病房逗留时间不可太长，一般以（　　）分钟左右为宜，时间过长会影响病人休息。

A. 10　　B. 20
C. 30　　D. 40

2. 出席宴请活动时，对出席时间说法正确的是（　　）。

A. 可以迟到　　B. 可以提早离开
C. 逗留时间过短　　D. 略早抵达

3. 唐朝统治时期，统治者采取了因地制宜、农牧并举的开发方略，在河西推行（　　）政策，并积极发展畜牧业。

A. 茶马互市　　B. 开发农田
C. 屯田与和籴　　D. 和籴

4. 党的十一届三中全会召开后，甘肃省全面开展以（　　）为重点、以搞活企业为中心、以转变企业的经营机制为主要内容的经济体制改革。

A. 农村　　B. 城市
C. 农业　　D. 工业

5. 甘肃地形以（　　）为主。

A. 山地和高原　　B. 山地和平原
C. 高原和平原　　D. 丘陵和山地

6. 甘肃各地气温差异的总体特征是（　　）。

A. 南冷北热，盆地河谷暖，山地高原冷
B. 南热北冷，盆地河谷暖，山地高原冷
C. 南热北冷，盆地河谷冷，山地高原暖
D. 南冷北热，盆地河谷冷，山地高原暖

二、填空题

1. 介绍他人的主要方式有标准式、简介式、强调式、________。

2. 821年，唐朝和吐蕃双方各派使节，先在唐都长安盟誓，次年又在吐蕃逻些重盟。由于会盟发生在长庆年间，故称“______________”。

3. 1982年，甘肃省基本上实现了以大包干为主的____________________责任制。

4. 兰州新区是中国第五个国家级新区，也是西北地区第______个国家级新区。

【参考答案】

一、1. A　2. D　3. C　4. B　5. A　6. B

二、1. 推荐式　2. 长庆会盟　3. 家庭联产承包　4. 一

【综合练习题四】

一、单项选择题

1.（　　）是藏族待客规格最高的一种礼仪，表示对客人热烈的欢迎和诚挚的敬意。

A. 宴请　　B. 献哈达　　C. 请客人饮茶　　D. 请客人饮酒

2.（　　）年，李自成攻占北京后，驻守山海关的明将吴三桂降清，清兵入关，进占北京。

A. 1644　　B. 1664　　C. 1669　　D. 1672

3. 1965 年创作演出的大型现代题材歌剧（　　）把甘肃省的歌剧事业推向一个新的高潮。

A.《丝路花雨》　　B.《向阳川》　　C.《大梦敦煌》　　D.《枫洛池》

4. 下列选项中不属于甘肃省生态保护的基本原则的是（　　）。

A. 坚持统筹规划、分区治理　　B. 坚持依法治理、严格问责

C. 坚持以人为本、注重民生　　D. 坚持深化改革、完善机制

5. 甘肃省的总面积在我国各省中居第（　　）位。

A. 5　　B. 6　　C. 7　　D. 8

二、填空题

1. 礼仪具体表现为________、礼貌、仪表、仪式。

2. 明朝时期。甘肃手工业有了较大的发展，比较著名的手工业有兰州毛褐纺织业、肃州的______________制造业和洮州的石砚制造业。

3. 1901 年，清政府颁布"____________________"，谕令全国进行学制改革，建立学堂教育制度。学制改革揭开了甘肃教育制度改革的序幕。

4. 甘肃省有______、道教、伊斯兰教、基督教、天主教五种宗教。

【参考答案】

一、1. B　　2. A　　3. B　　4. A　　5. C

二、1. 礼节　　2. 玉器　　3. 兴学诏书　　4. 佛教

【综合练习题五】

一、单项选择题

1. 战国时期，秦国通过（　　），使经济、军事实力大大增强，成为"战国七雄"之一，为最终统一六国奠定了基础。

A. 邹忌变法　　B. 李悝变法　　C. 商鞅变法　　D. 胡服射骑

2. 609 年 6 月，隋炀帝西巡抵达河西重镇张掖，在（　　）会见西域各国国王及使节。这标志西域 27 国与隋王朝正式建立了政治上的臣属关系 。

A. 焉支山下　　B. 武威　　C. 酒泉　　D. 敦煌

3. 1271 年，（　　）建国号为大元。从此，大蒙古国的称号就为元朝所取代。

A. 铁木正　　B. 窝阔台　　C. 阔端　　D. 忽必烈

4.（　　）年，明朝大将军徐达攻克大都（今北京市），元顺帝北走，元朝灭亡。

A. 1360　　B. 1365　　C. 1368　　D. 1369

5.（　　）年初，林则徐任陕甘总督，开始严禁吸食鸦片，禁止鸦片从外省输入甘肃。

A. 1840　　B. 1846　　C. 1849　　D. 1860

6.（　　）年 10 月 10 日，武昌起义的枪声拉开了辛亥革命的序幕。

A. 1901　　B. 1911　　C. 1912　　D. 1915

二、填空题

1. 秦国时期设立的________和冀县是甘肃世界史上建立最早的两个县。

2. 张骞以其亲身实践开通了中西陆路交通——“__________”。张骞出使西域和丝绸之路的开辟，使得河西走廊成为中国和中亚地区文化和经济交流的重要通道。

3. 607 年（隋炀帝大业三年），隋炀帝派遣裴矩前往张掖开办互市，主持这里的对外贸易事宜。这就是“__________”。

4. 1044 年，西夏和北宋签订了和议，史称“_________”。和议规定：西夏向宋称臣，宋“岁赐”绢、银、茶等物品给夏。

5. 清朝前期，甘肃人民辛勤劳动，在劳动中创造了砂田法，发明了“________”的灌溉方式，并改进了水车技术，大大增加了耕地，提高了粮食产量。

6. 第二次鸦片战争后，清政府支持洋务派“__________”的主张，创办了一批军事工业和民用工业。

【参考答案】

一、单项选择题

1. C　　2. A　　3. D　　4. C　　5. B　　6. B

二、填空题

1. 邽县　　2. 丝绸之路　　3. 张掖互市　　4. 庆历和议　　5. 漫灌

6. 师夷长技以制夷

参考文献

[1]　倪文锦. 古诗百首赏析[M]. 北京：高等教育出版社，2012.

[2]　孟维平. 名曲百首赏析[M]. 北京：高等教育出版社，2012.

[3]　徐改. 名画百幅赏析[M]. 北京：高等教育出版社，2012.

[4]　甘肃省中等职业学校专业学科课程组（研究会）. 甘肃历史[M]. 兰州：甘肃人民出版社，2016.

[5]　甘肃省中等职业学校专业学科课程组（研究会）. 甘肃地理[M]. 兰州：甘肃人民出版社，2016.

[6]　甘肃省中等职业学校专业学科课程组（研究会）. 中华礼仪[M]. 兰州：甘肃人民出版社，2016.

附 录

人文素养课程考试大纲

一、考试范围

（一）艺术素养

考查学生对教育部推荐的中等职业学校艺术教育系列教材《名画百幅赏析》《名曲百首赏析》《古诗百首赏析》所涉及的基本文化、艺术常识的了解情况。

参考书目:《名画百幅赏析》(高等教育出版社、人民教育出版社);《名曲百首赏析》(高等教育出版社、人民教育出版社);《古诗百首赏析》(高等教育出版社)

（二）人文素养

考查学生对中国传统文化、甘肃本土文化与基本人文常识等的了解情况。

参考书目:《中华礼仪》《甘肃历史》《甘肃地理》(甘肃人民出版社)

（三）计算机应用基础

考查学生对计算机基础知识的了解情况，包括：

1. 计算机的特点；
2. 计算机硬件系统和软件系统的基本组成；
3. 二进制与八、十、十六进制之间的相互转换及 ASCII 码和汉字编码相关知识；
4. 操作系统的概念、功能、特点、作用；
5. Windows7 的桌面、窗口、对话框、资源管理器、控制面板的组成和使用；
6. 文件和文件夹的概念和操作。

二、考试题型

选择题、填空题。

三、分值安排

艺术素养 15 分，人文素养 15 分，计算机应用基础 10 分。满分 40 分。

2017年甘肃省普通高等教育
对口招收中等职业学校学生招生考试
公共基础试题

《人文素养》(含计算机应用基础)(40分)

一、单项选择题(每小题2分,共20分)

1. 奥运会是跨越国家、地区、种族、信仰的全世界人民的体育盛会。2008年北京奥运会的主题曲是(　　)。

A.《同一首歌》　B.《我和你》　C.《四海一家》　D.《手拉手》

2. 在Windows7的桌面环境下,用鼠标(　　)一个对象,可以弹出其快捷菜单。

A. 左键单击　B. 左键双击　C. 右键单击　D. 以上都是

3. Windows7中打开任务管理器的方法是(　　)。

A. 左击任务栏　B. 右击桌面空白处

C. 右击任务栏　D. 左击Windows按钮

4. 观赏一幅艺术作品不仅要解读作者的审美感情、审美理想和审美创造,而且还要把握作品的主题。下列作品中能够反映"中国人民从此站起来了!"这一主题的是(　　)。

A.《地道战》　B.《流民图》　C.《呐喊》　D.《开国大典》

5. 在Windows7下,能安全关闭计算机的操作是(　　)。

A. 选"开始"菜单下的"关闭"选项

B. 直接按主机面板上的电源按钮

C. 直接拔掉电源关闭计算机

D. 先按主机上的电源按钮,再拔掉电源开关

6. 当一个应用程序窗口被最小化后,该应用程序将(　　)。

A. 终止执行　B. 继续在前台执行

C. 被暂停执行　D. 被转入后台执行

7.《窦娥冤》中窦娥的形象是(　　)。

A. 一个工于心计的人　B. 一个指天骂地的不孝之人

C. 一个聪明狡黠的人　D. 一个顽强的抗争者

8. 在Windows7中,文字呈灰色的菜单命令是(　　)的菜单命令。

A. 可以调出对话框　B. 当前不能操作

C. 正在使用　D. 具有下拉菜单

9. 崆峒山位于甘肃（　　）市，以黄帝问道于广成子而闻名天下，为道源圣地。

A. 酒泉　　B. 庆阳　　C. 白银　　D. 平凉

10. 当已选定文件夹后，下列操作中不能删除该文件夹的是（　　）。

A. 在键盘上按住 Delete 键

B. 用鼠标右键单击该文件夹，打开菜单，然后选“删除”

C. 用鼠标右键双击该文件夹

D. 打开资源管理器，在“文件”菜单中选择“删除”命令

二、填空题（每空 1 分，共 20 分）

1.《论语》是我国先秦时期一部_______体散文集，主要记载了孔子及其弟子的言行。

2. 文件名一般由_____和_____两部分组成，中间用“.”分隔。

3. 甘肃地形以山地和_______为主，地势起伏大，地形复杂多样。

4. 介绍他人就是把一个人引荐给其他人的过程，在较正式的社交场合，得体的介绍须遵守_________原则。

5. 在运行 Windows7 时，用户可以通过_______菜单下的_________来寻求帮助。

6. ________是唐代诗人杜甫创作的“三吏三别”之一。此诗采用独白的形式描写了一对新婚夫妇的离别，塑造了一个深明大义的少妇形象。

7. 甘肃位于祖国的地理中心，地处黄土高原、内蒙古高原与_______的交汇处。

8.“永嘉之乱”后中原王朝再度分裂，南方建立了东晋，北方进入了十六国时期，其中在甘肃境内立国的主要有_______、西秦和仇池国。

9. 陕甘总督左宗棠在甘肃创办了兰州制造局和_______，标志着甘肃近代机器工业的开端。

10. 汉武帝时，为了对河西地区进行直接统治，先后设立了武威郡、酒泉郡、_____和________，史称“河西四郡”。

11. 1950 年，甘肃省人民政府成立，以_______为省会，邓宝珊为甘肃省人民政府委员会第一任主席。

12. 在 Windows7 中，可以利用快捷键_________来复制活动窗口的内容。

13. 近代甘肃史学研究取得了丰硕的成果，其中著名史学家慕寿祺的_______是一部价值很高的编年体地方通史。

14. 米开朗琪罗是意大利著名的雕塑家、画家、建筑师和诗人，被誉为文艺复兴的三杰之一。其最为著名的作品是__________。

15. 同时选择连续的多个文件或文件夹，应单击选中第一个文件或文件夹后，然后按住______键并单击其他文件或文件夹,则两个文件或文件夹之间的对象均被选中。

16. 甘肃石窟规模宏大，数量众多，内容丰富，被称为“中国石窟艺术之乡”。其中，甘肃境内的_______、_____和云冈石窟、龙门石窟合称为中国“四大石窟”。